Hamburgs neues Wahrzeichen.

www.bauerwein.de

„EN CUISINE, COMME DANS TOUS LES ARTS, LA SIMPLICITÉ EST UN SIGNE DE PERFECTION.“

IN DER KÜCHE WIE IN DER KUNST IST EINFACHHEIT
EIN ZEICHEN VON PERFEKTION.

CURNONSKY.

Curnonsky war der erste Gastrokritiker der Welt, erweckte die ehrwürdige Confrérie de la Chaîne des Rôtisseurs zu neuem Leben, setzte mit seinen gastronomischen Ausführungen den Beginn des Guide Michelin. Er liebte die Bauern, er liebte die große Restaurantküche und er vermittelte zwischen beiden. Sein wahrer Name war Maurice-Edmond Sailland. Weltberühmt wurde er jedoch unter seinem Pseudonym Curnonsky.

EIN STREIFZUG DURCH DIE ANGESAGTEN KÜCHEN DER HANSESTADT

AUTOREN: SABINE RUHLAND UND OLIVER ZELT

FOODHUNTER - DAS KOCHBUCH

HAMBURG
COOL CUISINE

ÜBER 60 REZEPTE
BESTE ADRESSEN
WOCHENMARKT
INSIDERTIPPS
GUTES VOM LAND

RUHLAND VERLAG MÜNCHEN

RUHLAND VERLAG MÜNCHEN

MENÜ

Er ist so zart, dass er auf der Zunge zergeht – der Glückstädter Matjes von Plotz. Henning Plotz ärgert sich über Supermarktprodukte wie „Hering nach Matjesart", die industriell und mit künstlichen Zutaten gefertigt werden und dem Verbraucher Qualität nur vorgaukeln. Plotz Matjes werden von Hand gereinigt, reifen danach in Fässern mit Salzlake, werden im Anschluss von Hand filetiert und inzwischen auch veredelt. Auf unserem Teller bitten zu Tisch: Matjes Natur und Matjes in Rotwein mariniert.

„WELCH' EIN VERGNÜGEN, APPETIT ZU HABEN, WENN MAN DIE GEWISSHEIT HAT, BALD EIN HERVORRAGENDES GERICHT ZU BEKOMMEN."

JEAN ANTHELME BRILLAT-SAVARIN

„Mein Lieferant ist der Planet Erde. Produkte bekommen wir, wenn sie erntereif sind, aber eben aus allen Teilen der Welt. Nicht immer kommt das beste Produkt aus einem Umkreis von 50 Kilometern", sagt Kevin Fehling, der mit seiner höchstdekorierten Sterneküche auch allerhöchste Ansprüche erfüllen muss. „Die Region muss in ihrer Produktvielfalt bestärkt und unterstützt werden", meint Jens Rittmeyer, der gemeinsam mit dem Tourismusamt Altes Land und zahlreichen Produzenten neue Genussakzente für das Alte Land am Elbstrom setzen will. „Das ganze Tier wird verwertet, dafür hängt in unserem Kühlraum auch immer nur ein Stück, beispielsweise ein Wildschwein. Erst wenn es komplett verarbeitet und verspeist ist, kaufen wir ein neues Tier", so die nachhaltige Philosophie von Thomas Imbusch, der in seinem Restaurant sogar Butter, Joghurt und Wurst selbst herstellt.

Alles verwerten: Karkassen, Köpfe, Schwänze. Alles selber machen: Fonds, Jus, Saucen, würzige Marmeladen, Dips, Brot. Alles zum optimalen Reifepunkt einkaufen und in raffinierte Gaumenüberraschungen verarbeiten. Es wird fermentiert, emulgiert, extrahiert, mariniert, pacossiert. Spannend. Anregend für den Gaumen. Es wird aber auch gebraten, gedünstet, gekocht. Auf den Punkt und à la minute. Ein Schweinebauch mit Kirschen lässt jede Hemmung vor Fett verlieren, eine hausgemachte Sülze jede Angst vor Innereien. Hamburgs Helden am Herd haben genaue Vorstellungen von Kochkunst und der damit verbundenen Esskultur. Die Zutaten sind immer von ausgesuchter Qualität, die Ansprüche an sich selbst enorm.

Der Gast ist nun gefragt, er muss zu schätzen wissen, was ihm offeriert wird, darf sich nicht mehr leiten lassen vom günstigen Preisgenuss – der meist kein wirklicher ist – muss lernen zu differenzieren und zu honorieren und den Mut haben zu experimentieren. Wir als 'Münchner in Hamburg' waren begeistert von dem Enthusiasmus, mit dem täglich in der Hansestadt Bestes auf die Teller kommt, und haben mit allergrößtem Vergnügen an diesem Buch gearbeitet. Wir waren in fast allen Teilen der Stadt, haben Traditionelles kennengelernt und Innovatives, waren auf dem Land, auf den Höfen, haben gekostet und entdeckt. Hamburg bietet täglich einen reich gedeckten Gabentisch – Sie müssen nur wissen, wo. Wir sagen es Ihnen.

Sabine Ruhland
Foodjournalistin, Herausgeberin

Der Tisch der Natur ist reich gedeckt, doch zu oft übersehen wir das Einfache.
Schnittlauchblüten sind essbar und sehen zudem noch wundervoll aus.

DAS TOR ZUR WELT ERWEITERT SEINEN HORIZONT.
VOR ALLEM KULINARISCH.

Das Land, in dem man platt snackt, reckt sich langsam, wenn es um Genuss geht. In den neuen Hamburger Restaurants weht der Wind aus Richtung Skandinavien und es wird Feines aus den Furchen norddeutscher Felder serviert. Bauern, Gärtner, Züchter und Höfe sind die direkten Partner und liefern taufrisch in den Topf. Doch die Natur der Region serviert nicht nach Wunsch, reift nicht nach Rezept. Umso spannender ist, was die Köche aus der Selbsteinschränkung machen.

Gemüse, Kräuter, Beeren, selbst Eingelegtes oder von sanfter Hand Geschlachtetes aus Hamburg oder dem Umland, sind Inspiration und Hauptdarsteller der Kreationen. Köche wie Thomas Sampl, der schon bunte Karotten als Hauptgericht auf der Karte hatte, als andere noch die Standardmöhren für einen Suppenansatz klein schnippelten, haben viele angespornt. Sampl selbst hat eine neue Markthalle eröffnet und kocht aus dem regionalen Angebot frisch für seine Gäste.

So hat es sich endlich herumgesprochen: Buntes und Grünes aus der Nachbarschaft bringt nicht nur Farbe, sondern auch Freude. Blüten vom Gundermann, Blätter von der Fetthenne, vieles, was vor Kurzem noch als lästiges Unkraut oder unscheinbares Gestrüpp galt, schmückt Teller und bringt Überraschendes ins Essen. Das macht Laune und beendet die Eintönigkeit der vermeintlich gehobenen Zutaten.

Der kühle Norden glänzt mit einer coolen Küche. Das Tor zur Welt hielt seine Pforten lange geschlossen, wenn es darum ging, kulinarisch Neues hereinzulassen. Lange vermittelten die Gastronomen das Gefühl: Wir sind beständig und wechseln nicht ständig die Moden. Das wird weiterhin in vielen Lokalen auf der Speisekarte zu sehen sein. Und das ist auch gut so, denn selbstverständlich bleiben Albatrüffel eine erlesene Zutat. Aber Hummer in Butter schwenken oder eine Dose Kaviar aufmachen, ist keine allzu große Kunst.

Woher aber bekomme ich rund um Hamburg das tollste Huhn und das knackigste Gemüse? Das erfordert Recherche und sorgt für manche Sorgenfalte, denn die Speisekarte nach der Ernte in der Region und den limitierten Ressourcen auszurichten, ist weit schwieriger, als sich vom Gourmetgroßhändler Waren aus aller Welt in die Küche bringen zu lassen.

Hamburg und das Umland, bis zum Horizont flach, bieten nun alles andere als flache Küche. Das machte uns Appetit, dieses Kochbuch zu realisieren und Ihnen hoffentlich Lust, auf dem Markt einzukaufen und das ein oder andere Gericht nachzukochen.

Oliver Zelt
Hamburger / Foodjournalist

SEESTÄRKEN

AUSTER
KIMCHI FETT

ZUTATEN FÜR 4 PERSONEN: 12 Austern (davon 4 Austern zum Pürieren / alternativ 25 g Austernsauce). **KIMCHI:** 1 Chinakohl, 1 l Wasser, 125 g Salz, 250 ml Dashi, 3 Chili rot oder 1 EL Chilipulver, 15 g getrocknete Shrimps (Asialaden), 15 g geriebener Ingwer, 15 g eingelegter Ingwer (Asialaden), 1 Knoblauchzehe, 100 g geraspelte Möhre, 1 Bund Frühlingslauch, 50 g Zucker

„Es hat sich alles zusammengefügt in diesem Restaurant. Die Lage, die ich schon immer bei meinen Fahrradtouren im Auge hatte, der ersehnte Moltini Herd als elementare Feuerstelle, um die herum es laut und dampfend zugeht. In diesem Loft zu kochen, ist für mich und mein Team ein tägliches Erlebnis. Das soll es auch für meine Gäste sein, die ich einzeln begrüße und von denen keiner weiß, was serviert wird, denn Speisekarten haben wir nicht. Dafür umso mehr Kommunikation, denn die schönsten Abende finden immer in der Küche statt.“

ZUBEREITUNG

KIMCHI: Chinakohl waschen, Strunk rausschneiden und der Länge nach vierteln. Salz im Wasser auflösen und den Kohl ins Salzwasser legen. Gut durchkneten und 6 Std. ziehen lassen. Herausnehmen und gut abtropfen lassen.

Die 4 Austern mit dem Ingwer, Chilipulver, Zucker, Knoblauch im Mixer zu einer Paste verarbeiten und die länglichen Kohlblätter einzeln damit bestreichen. Die Möhre fein reiben und dazugeben, klein geschnittenen Frühlingslauch dazugeben.

Alles zusammen in einen Gärtopf geben und bei Zimmertemperatur fermentieren lassen. Nach 24 Std. kontrollieren und probieren. Nach ca. 3 Tagen sollte der Kohl anfangen zu gären. Nun abdecken und kalt stellen. Fermentationszeit nach Geschmack bis zu 14 Tagen.

LARDO: Den edlen Speck in kleine Würfel schneiden und bei geringer Hitze auslassen.

KIMCHI-MAYONNAISE: Olivenöl, Eigelb und Salz glatt verrühren, mit Kimchi-Flüssigkeit auf gewünschte Konsistenz bringen.

AUSTERN: Die Austern im eigenen Wasser pochieren, wieder in die Schale legen und mit Kimchi, Lardo und Mayonnaise garnieren.

FOODHUNTER-TIPP: Kimchi mit seiner säuerlich-scharfen Note passt vorzüglich zu Reis, zu asiatisch gewürztem Fleisch, zu kross gebratenem Schweinebauch, gegrilltem Fisch und Gemüse.

Weinempfehlung von
Sommelière Sophie
Lehmann:
Crémant du Jura Brut,
100 % Chardonnay,
Jean-Etienne Pignier

CONFIERTE ROTBARBE
GRÜNEN BOHNEN, LARDO & KAVIAR BEURRE BLANC

ZUTATEN FÜR 4 PERSONEN (VORSPEISE): 2 Rotbarben, 250 g gute Butter (Beurre Bordier), 250 ml Weißwein, 1 Schalotte, 30 ml Weißweinessig, 400 ml Traubenkernöl, Fleur de Sel, 50 g Forellenkaviar, 50 g Kaviar Aquitane (AKI Kaviar), 120 g grüne Bohnen, 2 dicke Scheiben Lardo, weißer Pfeffer aus der Mühle, Dillspitzen

Wer glaubt, die 3-Komponenten-Karte sei bereits das Minimum an Erklärung für ein Gericht, wird bei Fabio Haebel eines Besseren belehrt. Da findet sich nur noch eine einzige Zutat, um die herum sich der Gast seine kulinarischen Gedanken machen kann.
„Wir servieren Nordic French Cuisine. Französische Küche als Basis, nordische Einflüsse als kreativer Spielraum. Ich bin ein großer Fan der Restaurantszene in Kopenhagen."

ZUBEREITUNG

FISCH: Rotbarben filetieren, portionieren, entgräten und im Traubenkernöl bei 70 °C für 13 min confieren (im Öl ziehen lassen).

LARDO: Den Speck fein würfeln und in einer Pfanne ohne Fett knusprig auslassen.

BEURRE BLANC: In einer Sauteuse etwas Butter schmelzen und fein gewürfelte Schalotten darin glasig (nicht braun) dünsten. Mit Weißwein und Weißweinessig ablöschen und die Flüssigkeit auf die Hälfte reduzieren lassen. Für einen intensiveren Geschmack können die klein geschnittenen Fischkarkassen mitgekocht werden. Die Fisch-Weißweinreduktion durch ein Sieb passieren und so abkühlen lassen, dass man den Topf mit bloßer Hand anfassen kann.

Mit einem Zauberstab die Butter unter die Flüssigkeit mixen und bei Bedarf erneut durch ein Sieb geben. Zuletzt Kaviar mit in die Sauce geben und beiseitestellen.

BOHNEN: Die Bohnen säubern, an den Enden abschneiden und im sprudelnden Salzwasser für 30 Sekunden blanchieren. Danach kurz in Eiswasser abschrecken.

Vorm Servieren die Bohnen in einer Pfanne mit etwas Butter anschwitzen und mit Salz, Zucker, weißem Pfeffer würzen.

ANRICHTEN: In einen tiefen Vorspeisenteller 3 EL Beurre Blanc mit Kaviar geben, die Rotbarbe platzieren, mit Bohnen, Lardo, Dillspitzen und auf Wunsch extra Kaviar dekorieren.

Weinempfehlung:
2015 Matassa Blossom Blanc
Côtes de Roussillon

ROTBARSCH
TOMATEN, BOHNEN, PFIFFERLINGE

ZUTATEN FÜR 4 PERSONEN: 1,5 kg Rotbarsch (alternativ 4 Rotbarschfilets). **FISCHFOND:** ½ Fenchelknolle (ca. 120 g), 70 g Champignons, 50 ml Weißweinessig, 100 ml Weißwein, 500 ml Gemüsebrühe, 2 Stängel Dill, 2 Zitronenzesten, 2 Stängel Petersilie, 5 weiße Pfefferkörner, 5 Knoblauchzehen, 3 Thymianzweige, 10 Korianderkörner (alternativ fertiger Fischfond). **TOMATEN:** 4-8 Strauchtomaten, 2 Thymianzweige, Salz, Pfeffer. **BOHNEN:** 300 g Brechbohnen, 200 g Palbohnen, 3 Zweige Bohnenkraut, 1 Möhre, 80 g Knollensellerie, 3 Schalotten. **PFIFFERLINGE:** 300 g Pfifferlinge, 80 g Knollensellerie, 1 Schalotte, 10 g Butter, 100 ml Olivenöl **PETERSILIENSCHAUM:** 700 ml Milch, 1 Handvoll glatte, gezupfte Petersilie

Auf der Karte des Carmagnole finden sich weiterentwickelte Klassiker der französischen Küche wie Moules Normandes, Bouillabaisse, Croque-en-bouche und während der Saison auch die berühmte Camus-Artischocke. Produkte wie Fleisch und Gemüse werden täglich frisch aus biozertifizierten Betrieben geliefert. Auch die kleine französische Weinkarte besteht ausschließlich aus Bio- und teilweise Demeterweinen. Auf Nachfrage gibt es auch einige Naturweine.

ZUBEREITUNG: Den Rotbarsch säubern, filetieren und in 4 Portionen teilen.

FISCHFOND: Die Karkassen bei 160 °C für 35 min im Ofen rösten. In einem Topf Fenchel, Champignons und Knoblauch in Olivenöl anbraten, mit Weißweinessig und Weißwein ablöschen, komplett reduzieren, mit Gemüsebrühe auffüllen und die Karkassen dazugeben. Mit Pfeffer, Zitronenzesten, Dill, Thymian und Petersilienstängel (Blätter aufheben) aufkochen. Die Hitze reduzieren und 30 min köcheln lassen.

TOMATEN kurz in kochendes Wasser legen, die Haut abziehen, Kerngehäuse herausnehmen, in dickere Scheiben schneiden und auf ein Blech legen. Mit Thymian, Salz, Zucker und Pfeffer würzen und mit Olivenöl beträufeln. Im Ofen bei 200 °C mit offener Klappe ca. 1,5 Std. trocknen.

BOHNEN: Brechbohnen in stark gesalzenem Wasser (darin das gebundene Bohnenkraut) 5 min blanchieren. Palbohnen in einem Topf mit Olivenöl erhitzen und Sellerie, Möhre und Schalotten im Ganzen dazugeben. Ebenso die Brechbohnen. Mit Brühe auffüllen. Ca. 20 min weich garen und mit Salz abschmecken.

PFIFFERLINGE: Schalotte würfeln und mit den Pilzen und Olivenöl in der Pfanne anbraten. Salzen. Die Palbohnen zusetzen, mit dem Fischfond ablöschen.

Brechbohnen, Tomaten beimengen und mit Salz, Pfeffer, gehackter Petersilie abrunden.

FILETS auf der Haut in Olivenöl anbraten, würzen und ein Stück Butter auf den Fisch legen. Thymian und eine zerdrückte Knoblauchzehe beifügen. Ist die Haut kross, den Fisch umdrehen und die Pfanne von der heißen Platte nehmen.

PETERSILIENSCHAUM: Milch und Petersilienblätter 30 Sek. mixen. In einen Topf geben und langsam aufkochen lassen. Etwas Meersalz hinzufügen und durch ein sehr feines Sieb passieren. Vor dem Anrichten mit dem Schneebesen aufschäumen.

Weinempfehlung: 2014 Clos de la Bergerie, ein ungefilterter Chenin Blanc von Nicolas Joly aus der Appellation Savennières - Roche aux Moines Contrôllée

KABELJAU
KOHLRABI, SAUERAMPFER

ZUTATEN FÜR 4 PERSONEN: 600 g Kabeljaufilet ohne Haut, Salz. **KOHLRABINUDELN:** 2 Stück Kohlrabi, Salz, brauner Zucker, Essig **KNOBLAUCHRAHM:** 200 g Schmand, 1 Knoblauchzehe, Salz, brauner Zucker. **SAUERAMPFER-PESTO:** 1 Bund Sauerampfer, 100 ml Rapsöl, Salz. **KOHLRABISAUCE:** 5 Kohlrabis, Essig, Salz, Räuchermehl, 100 g Butter, Stärke. **EIGELB:** 2 Eigelb, 60 g Salz, 40 g Zucker

„Wir sind nah am Gast. Ich und Robin sind zwar in der Küche, bringen aber abwechselnd Brot und Menükarte an die Tische. Das größte Vergnügen für uns ist, wenn jemand erst vieles auf der Karte nicht mag, dann doch probiert und später sagt: So wie Sie das machen, schmeckt es mir. Meinen Sinn für regionale Qualitätsprodukte schärfte Thomas Sampl, mit dem ich im Vlet gearbeitet habe. Ich kaufe nur von ausgesuchten Zulieferern, beispielsweise Weidehuhn von Odefey, Förde Garnele oder Eismeerforelle von Havelland“, sagt Maurizio Oster.

ZUBEREITUNG: Die Kabeljaufilets komplett mit Salz bedecken und 10 min ruhen lassen. Danach unter kaltem Wasser abspülen, in ein trockenes Geschirrtuch einwickeln und 24 Stunden im Kühlschrank lagern. Nun in 4 gleichgroße Stücke schneiden.

GEBEIZTES EIGELB: Salz und Zucker vermengen, die Eigelbe behutsam in die Salz-Zucker-Mischung gleiten lassen und vorsichtig bedecken. Nach 24 Stunden die Eigelbe aus der Beize nehmen und 12 Stunden bei 37 °C trocknen.

KOHLRABINUDELN: Kohlrabi schälen, mit einem Spiralschneider in Nudeln schneiden. Mit Salz, Zucker und Essig abschmecken.

KNOBLAUCHRAHM: Die Knoblauchzehe in feine Würfel schneiden, mit Salz und Zucker würzen. Anschließend 20 min stehen lassen. Im Mörser zu einer Paste verarbeiten und sie in den Schmand rühren. Mit Salz und Zucker abschmecken.

SAUERAMPFER-PESTO: Den Sauerampfer mit dem Öl in einem Mixer geben. Danach mit Salz abschmecken.

KOHLRABISAUCE: Den Kohlrabi entsaften, den Saft auf 85 °C erhitzen. Vorsichtig das gestockte Eiweiß von der Oberfläche abschöpfen. Den Saft in einen kleineren Topf geben und in einem größeren Topf das Räuchermehl zum Glühen bringen. Den Topf mit dem Saft (z.B. mittels Sieb) in den größeren Topf hängen und 10 min räuchern. Mit Salz, Zucker, Essig abschmecken. Danach leicht mit Stärke abbinden und mit Butter montieren.

ANRICHTEN: Kabeljau mit Pesto bestreichen und bei 85 °C 5 min dämpfen. Knoblauchschmand und Pesto in einen tiefen Teller geben. Kabeljau auf den Schmand setzen, die Kohlrabinudeln auf dem Fisch platzieren. Kohlrabisauce aufschäumen und den Fisch damit nappieren. Auf die Nudeln frischen Sauerampfer geben und über alles das gebeizte Eigelb reiben.

FÖRDE GARNELE, MARINIERTE RADIESCHEN, KRUSTENTIEREMULSION, ESTRAGONÖL

ZUTATEN FÜR 4 PERSONEN: 8 Förde Garnelen küchenfertig, Nussbutter, Salz. RADIESCHEN EINGELEGT: 1 Bund Radieschen, 100 ml Wasser, 100 ml hochwertiger Essig (z. B. Gölles Apfel-Balsamessig), 10 g Senfsaat, 2 Zweige Thymian, 2 Lorbeerblätter. RADIESCHEN FERMENTIERT: 100 g Radieschen, 3 g unbehandeltes Meersalz. Radieschenblätter. KRUSTENTIEREMULSION: 200 ml Krustentierfond, 6 g Iota, 1 g Xantan, 200 ml Estragonöl, Salz. APFEL-ESTRAGONGEL: 200 ml Apfelsaft, ½ Bund Estragon, 2 g Agar-Agar, Salz, Zucker.

Die „White Tiger" wächst im kleinen Küstenort Strande an der Kieler Förde auf. In Meerwasser direkt aus der Ostsee, das mit Abwärme auf tropische 28 °C geheizt wird, erreichen die Förde Garnelen innerhalb eines halben Jahres ihr Marktgewicht von ca. 30 g. Da der Eigengeschmack nicht allzu groß ist, bedarf es gekonnter Zuspieler. In diesem Fall Radieschen-Allerlei: mariniert, fermentiert, getrocknet.

ZUBEREITUNG: RADIESCHEN MARINIERT: Wasser, Essig, Zucker mit den Gewürzen aufkochen und heiß über die geputzten Radieschen geben. Zwei Tage im Kühlschrank ziehen lassen.

RADIESCHEN FERMENTIERT: Radieschen dünn hobeln und mit dem unbehandelten Salz vermengen. Die Radieschen beschweren und luftdicht 3-4 Tage bei Zimmertemperatur an einem dunklen Ort fermentieren lassen.

KRUSTENTIEREMULSION: Den Krustentierfond mit Iota und Xantan im Thermomix auf 80 °C erhitzen. Langsam das Estragonöl einlaufen lassen und anschließend mit Salz abschmecken.

APFEL-ESTRAGONGEL: Apfelsaft mit Agar-Agar aufkochen, Estragon hinzufügen, 20 min ziehen lassen und passieren. Mit Salz und Zucker abschmecken und 30 min kühl stellen. Abschließend das feste Gelee glatt mixen.

RADIESCHENBLÄTTER: Radieschenblätter in einem Dehydrator trocknen lassen. Das geht auch auf dem Gitterrost im Ofen bei ca. 50 °C und leicht geöffneter Tür — dauert aber einige Stunden!

GARNELEN: Garnelen würzen, mit Nussbutter einstreichen und mit einem Bunsenbrenner abflämmen.

ANRICHTEN: Die Krustentieremulsion mittig in den Teller geben. In die Mitte von der Emulsion das Apfel-Estragongel spritzen. Die Radieschen-Komponenten um die Emulsion platzieren. Mit frischem Estragon garnieren. Das Ganze mit Krustentierpulver bestäuben. Die Garnele neben der Emulsion platzieren.

GEBEIZTE EISMEERFORELLE,
MOLKE GELIERT, MOLKE GRATINÉ, GRÜNE TOMATENMARMELADE

ZUTATEN FÜR 4 PERSONEN

EISMEERFORELLE

250 g Eismeerforellenfilets
küchenfertig, ohne Haut

250 g Meersalz

170 g brauner Zucker

7 g schwarzer Pfeffer

7 g Senfsaat

2 g Nelken

5 g Thymian

9 g Fenchelsaat

7 g Wacholder

2 g Lorbeerblätter

9 Stück Sternanis

7 g Koriandersaat

MOLKE GELIERT

200 ml Molke

50 ml Apfelsaft

3,5 g Iota

40 g Dill

60 g gepulte Erbsen

½ Zitrone

Apfelessig

Salz, Zucker

1 Zweig Dillblüte

MOLKE-GRANITÉ

250 ml Molke

50 ml Apfelsaft

20 ml Apfelessig

frisch geriebener
Meerrettich

½ Zitrone

1 Blatt Gelatine

Salz, Zucker

TOMATENMARMELADE

200 g grüne Tomaten

50 g brauner Zucker

40 g Rosinen

3 Stück Sternanis

Apfelessig, Salz

Räuchermehl

ZUBEREITUNG

EISMEERFORELLE: Gewürze mit Salz und Zucker mixen. Die Eismeerforelle mit der Beize bedeckt 12 Stunden im Kühlschrank ruhen lassen. Anschließend unter kaltem Wasser abspülen und in vier gleichgroße Stücke schneiden.

MOLKE GELIERT: Aus Molke, Apfelessig, Apfelsaft, Dillblüte, Zitronenabrieb und -saft einen Fond herstellen. 20 min ziehen lassen. Passieren, mit Salz und Zucker abschmecken. Den Fond mit Iota aufkochen und leicht abkühlen lassen. Nun über die gepulten Erbsen und den gehackten Dill geben. Im Kühlschrank fest werden lassen.

MOLKE GRANITÉ: Molke, Apfelsaft, Apfelessig erwärmen und die Gelatine einrühren. Mit Meerrettich, Zitronensaft und -abrieb, Salz, Zucker abschmecken. Die Masse ins Gefrierfach stellen. Später mit der Gabel die gewünschte Menge Granite abkratzen.

GRÜNE TOMATENMARMELADE: Tomaten waschen und klein schneiden. In der Zwischenzeit den Zucker karamellisieren. Tomaten, Sternanis und Rosinen dazugeben. Mit Essig abschmecken und alles für ca. 1½ Stunden köcheln lassen. Sternanis rausnehmen, die Tomaten mixen.

Räuchermehl in einem Topf zum Glühen bringen. Die pürierten Tomaten in einen kleineren Topf geben und (z. B. anhand eines Siebs) in den größeren Topf hängen. Alles mit Alufolie abdecken und ca. 10 min im Rauch lassen.

ANRICHTEN: Die Tomatenmarmelade in den Teller geben, darauf die Forelle setzen, leicht salzen, mit frisch geriebenem Meerrettich garnieren. Die gelierte Molke neben der Forelle platzieren, alles mit frischem Dill und Dillblüten garnieren. Nun die gefrorene Molke über die Forelle geben und schnell servieren.

FISCHSUPPE
SELBST GEMACHTE SAUCE ROUILLE

ZUTATEN FÜR 4 PERSONEN: FISCHFOND: 1 kg Fischkarkassen (z. B. Seezunge, Steinbutt oder Seeteufel), 4 Schalotten, 2 Stangen Staudensellerie, 4 Karotten, 1 Fenchelknolle, 1 Knoblauchzehe, 1 TL weiße Pfefferkörner, 1 EL Olivenöl, 2 EL Meersalz, 5-7 EL Noilly Prat (trockener Wermut), 3 l Wasser. **SUPPENEINLAGE:** 12 Garnelen, 500 g Kabeljaurücken, 300 g Seeteufel, 20 Miesmuscheln oder 40 Vongole (geschlossen) 1-2 Tintenfischtuben oder 12 kleine Sepiolini, 8 kleine, festkochende Kartoffeln. **SAUCE ROUILLE:** 1 geschälte und klein gehackte Knoblauchzehe, 1 kleine gekochte Kartoffel, 1 g Safran, 1-2 Eigelb, 150 ml Olivenöl, Meersalz, 1 gestr. TL Zucker, 1 rote Chili ohne Kerne

Wie viele beliebte Gerichte war auch die Bouillabaisse ursprünglich ein Arme-Leute-Essen. Heute gehört die Fischsuppe in all ihren Varianten zu den Klassikern der französischen Küche, traditionell begleitet von der Sauce Rouille. Diese wird auf einer mit Knoblauch abgeriebenen, gerösteten Weißbrotscheibe gereicht. Eine Rouille passt auch zu vielen anderen südfranzösischen Fischgerichten.

ZUBEREITUNG: Gemüse putzen und klein schneiden. Pfefferkörner mörsern. Schalotten und Knoblauch grob hacken. Fischkarkassen unter kaltem Wasser gut abwaschen.

FOND: Öl in einen großen Topf erhitzen, die Karkassen und die Hälfte des Gemüses darin anrösten. Nun schöpfkellenweise das Wasser zugeben und darauf achten, dass nach jeder Zugabe von Wasser die Siedetemperatur wieder erreicht wird. Gewürze und Noilly Prat zugeben. Den Fond so lange köcheln lassen bis er auf 1,5 l einreduziert ist. Den Fond abseihen.

SUPPENEINLAGE: Muscheln vom Bart befreien, Fische putzen, Garnelen schälen und vom Darm befreien. Fische und Meeresfrüchte und das restliche Gemüse sanft (damit kein Eiweiß aus dem Fisch austritt) im Fond garziehen lassen. Am Schluss mit Safran abschmecken. Kartoffeln in einem Topf weich kochen.

ANRICHTEN: Kartoffeln in der Mitte des Tellers platzieren. Meeresfrüchte und Fische platzieren. Mit Fond übergießen.

ROUILLE: Eine Mayonnaise aus Eigelb und Olivenöl zu einer cremigen Konsistenz schlagen. Knoblauch schälen und fein würfeln mit 1 Prise Meersalz, Zucker, Chili fein pürieren oder mörsern. Die kalte gekochte Kartoffel durchpressen und unterheben.

Danach den in 3 TL warmem Fischfond eingeweichten Safran zugeben und mit dem Schneebesen zu einer luftigen Masse schlagen. Wenn nötig können Sie mit etwas Fischfond und einer fertigen Mayonnaise die gewünschte Konsistenz erreichen.

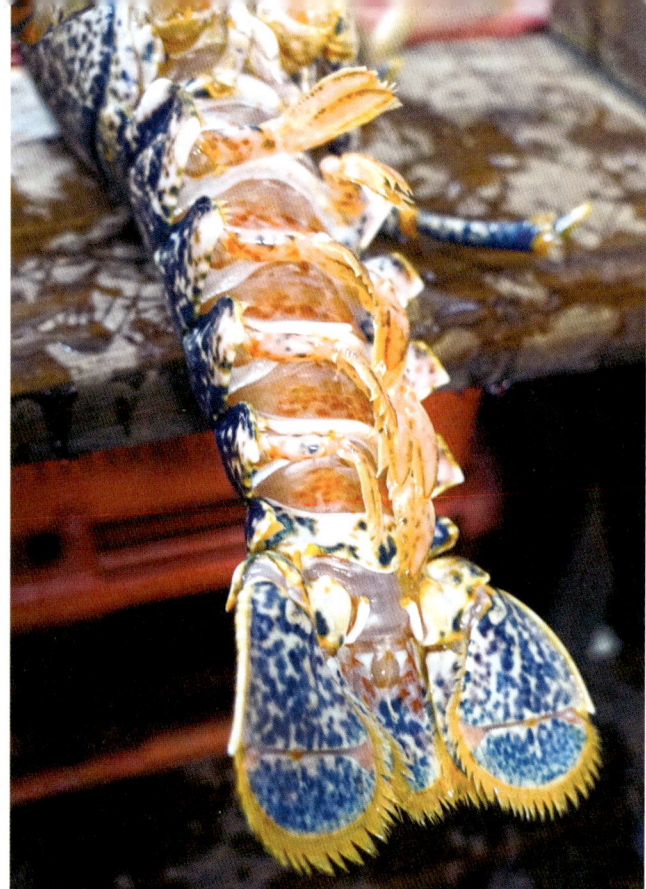

ATLANTIK FISCH

Das Fischereihafen-Areal mit seinen Baracken, dem schmuddeligen Image, der käuflichen Liebe am Straßenrand ist längst verschwunden. Etwas Patina ist noch übrig, gerade genug, damit sich der neue Reichtum in den benachbarten Wohntürmen mit Lokalkolorit schmücken kann. Das Gewerbegebiet wandelt sich, Restaurants von Fernsehköchen sind in die Große Elbstraße gezogen, Food-Produktionsfirmen und schicke Sushi-Ketten. Wir bevorzugen einen Klassiker: das BistrOcean von Atlantik Fisch.

„Früher konnten die Gäste direkt zwischen den Fischbecken sitzen", erzählt unser Tischnachbar, der regelmäßig hier einkehrt, weil er die Muscheln so schätzt. Hamburger sei er, durch und durch. Schnöselige Lokale lägen ihm nicht, Authentizität hingegen schon und Atlantik Fisch besuche er, seit die Adresse als kleine Fischbude angefangen hat. Inzwischen ein Fischgroßhändler mit Spezialitäten aus allen Weltmeeren, berühmt vor allem für die feinen Donegal Felsenaustern.

Wiebke vom Büro schräg gegenüber schwört mit ihrer Kollegin auf die Fischbrötchen. „Die Brötchen sind bio und es gibt sie mit Krabben, Hering, Thunfisch, Räucheraal, Matjes oder Hummer. Wo finden Sie so etwas denn noch? Selbst in Hamburg ist das schwierig."
Ein älterer Herr am Nebentisch wählt stets die Fischsuppe, ein großer Pott für unter 10 Euro. Auf die Frage wie es ihm schmeckt, antwortet er nur: „Ist viel Fisch drin."

„Von der Königskrabbe versenden wir tiefgefroren nur die Beine, denn in ihnen steckt das meiste Fleisch." Dennoch lässt es sich Klaus Pasche nicht nehmen, ab und zu mit einer lebenden Monsterkrabbe durch sein Bistro zu gehen. Zur Freude der Gäste, deren Fotos um die Welt gehen.

„Wir möchten volksnah bleiben und den Leuten den Spaß am Essen nicht nehmen. Deshalb sind wir günstiger als andere." So gibt es bei Klaus Pasche üppig belegte Fischbrötchen zwischen 2,90 und 7,20 Euro einzig mit Hummerfleisch sind es 14,90 Euro. Auch die ganze Dorade und die frischen Matjesfilets sind für kleines Geld zu bekommen. Das Volk dankt, die Schlange am Bestelltresen reißt nicht ab.

Das Ambiente ist rustikal. Massive Holztische und eine Deko, wie sie einem Fischgroßhandel zumutbar ist, ein paar Plastikfische, ein Fischernetz, kleine Holzboote. Die Atmosphäre quirlig, Service, Küche, Verkauf, Ausschank, Großhandel agieren eng nebeneinander, aber genau dieses Treiben will der Gast ja. Dazu eine Flasche Biowein oder ein Sancerre Les Caillottes. Moderat kalkuliert, kein Wunder also, dass um uns herum ausschließlich Flaschen bestellt werden.

Eine Delegation von Vietnamesen rückt an. Großeinkauf. Da ist der Chef gefragt. Zwischen den Wasserbecken wird gefeilscht, gefachsimpelt und ausgesucht: Stabmuscheln, Taschenkrebse, Langusten, Hummer. Nach einer halben Stunde ziehen die Kunden wieder ab, im Schlepptau schwere Plastiktüten zappelnden Inhalts.

Wir nehmen einen Sauvignon Touraine Val de Loire in Bioqualität, der hervorragend zum Aal mit Rührei passt — und zu den gekochten Beinen der Königskrabbe (8,80 pro 100 g), die bereits in Stücke geschnitten wurden. TV-Luxus-Dokus setzen das monströse Meerestier gerne in Szene, weil VIP's einige Hundert Euro dafür hinblättern. „Dabei ist die gefräßige Königskrabbe in mancher Region schon fast eine Plage", erklärt Klaus Pasche. Im BistrOcean von Atlantik Fisch stehen ihre Beine daher ebenso selbstverständlich auf der Karte wie Scholle, Lachs und Kabeljauloins. Mit einer kleinen Meeresfrüchtegabel lässt sich leicht ans saftige Fleisch kommen. Chichi dazu gibt es nicht, ein Dip, eine Sauce, ansonsten spricht die Qualität für sich. „Wenn ich hier esse, möchte ich die Frische und Qualität von Fisch und Meerestieren schmecken. Molekular-Pünktchen kriege ich woanders", sagt unser Tischnachbar. Da hat er recht.

HAMBURGER AALSUPPE

ZUTATEN FÜR 4 PERSONEN

300 g geräucherter Aal

PFLAUMEN-ZWIEBELPÜREE
500 g weiße Zwiebeln
120 g Dörrpflaumen
60 ml Wasser
60 ml Sherryessig
1 EL Kalbsjus

KNOLLENSELLERIE
1 Stück Knollensellerie
1 kg Salz, 1 kg Mehl
650 ml Wasser
75 ml Rapsöl

ROTE BETE
1 l Wasser
200 ml Rote Bete-Saft
30 ml Himbeeressig
10 g Salz
20 g Zucker
2 g Kümmel
2 g Senfkörner
2 Lorbeerblätter
2 Knollen frische Rote Bete

KLARER SCHINKENSUD
50 g Schalotten
50 g Champignons hell
20 g Staudensellerie

200 g Schinkenabschnitte
(Schwarte, Knochen)
750 ml Geflügelfond
100 ml Weißwein
2 Zweige Thymian
1 Lorbeerblatt
1 Knoblauchzehe
Eiweiß von 4 Eiern

GEBEIZTE GURKE
20 ml Gin
10 ml Zitronensaft
50 ml Wasser
7 g Salz
3 g Senfkörner

3 g Wacholder
3 g Pfefferkörner
3 Mini-Gurken
25 g Rohrzucker

KAROTTENSCHLEIFEN
100 ml Wasser
20 g Zucker
10 ml weißer Balsamico
5 g Salz
3 g geröstete Korianderkörner
1 Thymianzweig
1 Lorbeerblatt
1 gelbe Karotte

„Wenn Ihnen das Rezept zu aufwendig ist, können Sie auf die Rote Bete verzichten. Keinesfalls verzichten sollten Sie auf beste Qualität beim geräucherten Aal. Uns beliefern die Müritz Fischer mit großen Aalen von über einem Kilo. Wichtig: Aal darf weder zu heiß noch zu lange geräuchert werden, er sollte festes Fleisch haben und die Haut muss leicht abzuziehen sein."

ZUBEREITUNG: BACKPFLAUMEN-ZWIEBELPÜREE: Zwiebeln auf ein Salzbett im Ofen bei 180 °C weich schmoren. Anschließend die Schale entfernen.
In der Zwischenzeit die Dörrpflaumen im Wasser zusammen mit dem Sherryessig zwei Stunden sanft köcheln lassen. Die weich geschmorten und geschälten Zwiebeln mit den gekochten Dörrpflaumen im Thermomixer fein mixen. Zum Schluss mit Salz, Pfeffer und etwas Kalbsjus abschmecken.

SCHINKENSUD: Schinkenabschnitte in Stücke schneiden und in einem Topf mit Öl langsam anschwitzen. Schalotten, Champignons, Sellerie in Würfel schneiden, zugeben, ebenfalls anschwitzen. Mit Weißwein ablöschen und komplett einkochen lassen. Mit Geflügelfond auffüllen, Aromaten zugeben und auf kleiner Flamme ca. 1 Stunde köcheln lassen. Den Sud durch ein Tuch passieren und kalt stellen. Den kalten Sud mit Eiweiß klären. Abschmecken und nochmals durch ein Tuch passieren.

GESCHMORTER SELLERIE: Salzteig kneten und den gewaschenen Knollensellerie darin einpacken. Im Ofen bei 200 °C für zwei Stunden garen. Auskühlen lassen, Schale entfernen, in mundgerechte Stücke brechen.

KAROTTEN in dünne Streifen schneiden. Für die Marinade die Zutaten aufkochen. Dann die Karottenstreifen zugeben und erneut aufkochen lassen. Vom Herd nehmen und auskühlen lassen.

ROTE BETE: Alle Zutaten in einen Topf so lange kochen, bis die Bete weich ist. Schälen, in mundgerechte Kugeln ausstechen.

GEBEIZTE GURKE: Alle Zutaten kurz aufkochen damit sich Salz, Zucker und Aromaten gut auflösen. Die Marinade erkalten lassen und mit den Gurken vakuumieren. Für 24 Stunden kalt stellen.

ANRICHTEN: Die Rote Bete im Fond erhitzen. Den Knollensellerie mit dem Bunsenbrenner abflämmen. Den Aal portionieren und die Karottenstreifen rollen. Das Püree in einen Spritzbeutel füllen, um es schöner anrichten zu können.
Alle Komponenten in einem tiefen Teller halbkreisförmig platzieren. Den Schinkensud in ein hohes Glas füllen und am Tisch in die Teller fließen lassen.

MARINIERTER HAMACHI
PONZU, JALAPENO, KORIANDER

ZUTATEN FÜR 4 PERSONEN: 150 g Filet von der Gelbschwanzmakrele in Sashimi-Qualität. **PONZU SAUCE:** 400 ml helle Soja-Sauce, 100 ml frisch gepresster Orangensaft, 100 ml frisch gepresster Zitronensaft, 4-5 g Kombublatt, 2-3 g Basis-Bouillon-Pellets vom geräucherten Bonito und Kombu (z.B. vom jap. Hersteller Hondashi), 1,5-2 g Katsuobushi (getrocknete und geräucherte Bonitoflocken). **DEKO:** 20 g frischer Koriander, 4 aromatische Cherry Tomaten oder 4 essbare Blüten, 2 frische Jalapeños.

„Ich bin gebürtiger Spanier, aufgewachsen in Japan, und habe lange bei Nobu gearbeitet. Das allein outet mich als Qualitätsjunkie. Manche Produkte wie beispielsweise Toro vom Thunfisch habe ich in der von mir gewünschten Qualität noch nicht finden können, freue mich aber darauf gemeinsam mit Lieferanten dieses Höchstmaß an Qualität zu erreichen. Das Tortue Hamburg soll die Riege der Hamburger Top-Hotels schließlich auch kulinarisch anführen."

ZUBEREITUNG: Für die Ponzu-Sauce alle Zutaten gut vermischen und eine 1 Stunde ziehen lassen. Danach durch ein Haarsieb in ein Glas umfüllen und für eine Woche in den Kühlschrank stellen.

ANRICHTEN: Die rohen Gelbschwanzmakrelenfilets mit einem sehr scharfen Messer (Tipp von foodhunter: das schwarze Keramikmesser von KYOCERA) in dünne Scheiben schneiden und im Uhrzeigersinn auf dem Teller anrichten. In der Mitte Cherry Tomatenfilets oder essbare Blüten drapieren. Das Sashimi mit hauchfeinen Scheiben von Jalapeño und Korianderblättchen belegen und mit der Ponzu-Sauce nappieren.

WISSENSWERT: Die Begriffe Sushiqualität oder Sashimiqualität benennen an sich nur die Eignung eines Fisches zum rohen Verzehr. Heute dienen diese Begriffe oft als Qualitätssiegel und werden zur Vermarktung herangezogen, ohne dass tatsächlich eine differenzierte Qualität dahintersteckt. Tatsache ist: Fisch, der roh verzehrt wird, muss frisch sein. Also immer beim Fischhändler des Vertrauens einkaufen und beim Kauf betonen, dass der Fisch roh gegessen wird. Tipp: Frischer Fisch riecht leicht nach Meer, das Filet ist saftig und glänzend, ein Fingerdruck sollte nicht im Fleisch zurückbleiben. Da jeder Schnitt eine Angriffsfläche für Keime schafft, rohen Fisch immer erst kurz vor dem Servieren anschneiden.

RAUCHFORELLE AUS DEM ALTEN LAND, GERSTENGRAUPEN, SCHWARZE NUSS, APFELCIDER-SAUCE

ZUTATEN FÜR 4 PERSONEN: 2 Stangen Lauch, 100 g Gerstengraupen, 320 g Rauchforellenfilet, 50 g Butter, 2 schwarze Nüsse, 4 Radieschen, Salz, Pfeffer, Fetthenne (Blätter schmecken saftig nach Gurke), Salzkraut, Barbarakresse. (Alternativ Brunnenkresse, Red mustard leaf). **APFELCIDER-SAUCE:** 5 Schalotten, Gräten und Haut von geräucherter Forelle, 3 säuerliche Äpfel, 2 Lorbeerblätter, 100 ml Weißwein, 200 ml Apfelcider, 300 ml Geflügelfond, 120 g Butter, ca. 70 ml Sahne Salz, weißer Pfeffer aus der Mühle.

Das Hotel Navigare in Buxtehude ist ein imposantes Haus mit einem exklusiven Gourmetrestaurant, denn das N°4 umfasst nur vier Tische. Chefkoch ist Jens Rittmeyer, den viele Gourmets noch vom Budersand auf Sylt kennen. Als Verfechter regionaler Produkte nimmt Rittmeyer für dieses Rezept die feinen Räucherforellen vom Forellenhof Wilke, Schwarze Nüsse vom Biohof Ottilie und Cider von Zwutsch für die Sauce.

ZUBEREITUNG

LAUCH: Vom Lauch nur den weißen Teil nehmen, am Stück blanchieren, in Eiswasser abkühlen. Danach in Stücke schneiden und in einer Pfanne von allen Seiten braten (nicht zu lange, weil sonst der innere Teil zu weich wird und später beim Schneiden rausglitscht). Abschließend in etwas Butter nachbraten, mit Salz und Pfeffer würzen.

RAUCHFORELLE: Forelle von Gräten und Haut befreien. Die Filetstücke auf einem gebutterten Teller bei 50 °C im Ofen erwärmen, danach in Stücke teilen. Die Reste für die Sauce verwenden.

GRAUPEN: Die Graupen in Wasser mit etwas Salz auf den Punkt garen und mit Salz würzen, danach mit etwas Butter abrunden.

APFELCIDER-SAUCE: Die Schalotten schälen, in Streifen schneiden und mit den Resten der Forelle, Weißwein, Äpfel (klein geschnitten, mit Kernen und Schale), Lorbeer und Geflügelfond um gut die Hälfte reduzieren. Durch ein sehr feines Sieb passieren und mit Butter nochmals leicht einkochen lassen und mit dem Pürierstab montieren. Mit Sahne versetzen, nochmals aufkochen, mit Salz und Pfeffer abschmecken.

BEILAGEN: Die Radieschen waschen, in hauchdünne Scheiben schneiden und erst kurz vor dem Anrichten würzen. Auch die Schwarzen Nüsse in hauchdünne Scheiben schneiden.

ANRICHTEN: Die Graupen auf leicht angewärmten Tellern drapieren, die Lauchstücke und die Forelle kunstvoll arrangieren. Radieschen und Schwarze Nüsse dekorieren, die Sauce kurz mit dem Pürierstab montieren und angießen. Mit Salzkraut, Fetthenne und Barbarakresse garnieren und gleich servieren.

Als Garnitur finden sich
u. a. die knubbeligen
Blätter der Fetthenne,
auch Milder Mauerpfeffer
genannt. Wie der Name
schon sagt, schmecken
sie leicht pfeffrig.

„Eine gute Sauce macht Gäste richtig glücklich!"

Der Saucier besetzt in einer Küche die Königsdisziplin und Jens Rittmeyer beherrscht diese Kunst wie kaum ein Zweiter. Auf Sylt im Hotel Budersand reifte der Gedanke, seine Saucen zu vermarkten, weil die Gäste ihn förmlich beknieten. 36 Saucen, Fonds und Jus produziert er inzwischen, darunter auch vegane Varianten. Alles handgemacht gemeinsam mit seinem Team. Braucht es so viele verschiedene Saucen? „Aber ja! Eine Taube ist keine Ente, ein Rind kein Reh, ein Fisch kein Krustentier — jedes Hauptprodukt verlangt nach einer spezifischen Sauce." Rittmeyer ist längst nicht mit seinem Saucenlatein am Ende. „Zu meinem fünfzigsten Geburtstag sollen es 50 Saucen sein."

BIO-FORELLEN
FORELLENHOF WILKE

24 Stunden später dürfen die Forellen wieder raus aus ihrem Bad. Carsten Wilke rollt den Räucherwagen zur Seite und kontrolliert das Erlenholz. In anderen Häusern wird meist mit Buchenholz geräuchert, doch Wilke hat die Erfahrung gemacht, dass Erlenholz das feinere Aroma gibt. Zunächst werden die Holzspäne befeuchtet. Jeder kennt den Effekt von tränenden Augen beim Lagerfeuer: Nasses Holz raucht besonders stark. Der Räucherwagen glänzt pechschwarz wie Klavierlack. Was im Forellenhof zwei Tage und viel Handarbeit und erfordert, wird in Industriebetrieben in knapp sechs Stunden erledigt.

Die Fischfilets für das Heißräuchern hingegen pendeln an ihren Stangen wie kleine Schiffschaukeln. Heißräuchern gelingt nur mit Fingerspitzengefühl, gerade weil es insgesamt nur zwei Stunden dauert, je nach Größe und Reifegrad der Forellen. Carsten Wilke schaut auf die Uhr. Alles läuft bestens.

Seit drei Generationen züchtet seine Familie Fische in Horneburg. Anfangs nur Karpfen, später vor allem Regenbogenforellen. Der Urgroßvater von Carsten Wilke, der den Forellenhof vor vielen Jahren aufgebaut hat, suchte sich einen guten Ort für das Familienunternehmen aus, denn frisches Quellwasser speist in der naturbelassenen Aueniederung die Fischteiche.

Heute ist das Gebiet südlich der Elbmündung unter Naturschutz gestellt. Carsten Wilke hat die Forellenzucht vor zehn Jahren auf Bio umgestellt. Aus Überzeugung. Die ökologische Fischzucht passt gut in das Naturschutzgebiet, das ideale Bedingungen bietet. Das Quellwasser, in dem die Forellen leben, bleibt auch an heißen Tagen frisch und kühl und hat vor allem Trinkwasserqualität, die jährlich kontrolliert wird. Natürliches, lebendiges Wasser, das den Fischen guttut, ist Wilke überzeugt. Ein von Naturland zertifiziertes Futter ist nur noch ein weiteres Qualitätsmerkmal.

GERINGER BESATZ, GUTES FUTTER, HANDARBEIT UND FRISCH VERPACKT. DER GESCHMACK BEWEIST ALLES.

Seine Setzlinge kauft Wilke bei einem dänischen Bio-Züchter. Wenn die kleinen Forellen zu ihm kommen, haben sie gerade mal eine halbe Handlänge. Ein Jahr wachsen die Forellen dann in Horneburg. Zentrale Pfeiler seiner ökologischen Aufzucht sind die geringe Besatzdichte und das Bio-Futter. Damit der Geschmack bis zum Kunden erhalten bleibt, lehnt Wilke das Frosten ab. „Unsere Räucherforellenfilets werden per Hand filetiert und anschließend unter Schutzatmosphäre verpackt."

DIE MÜHLE JORK, DANNY RIEWOLDT, KERSTIN SCHULZE

SEPIA MIT ERDBEEREN
GRÜNEM TOMATENSUD, AUSTERNCREME

ZUTATEN FÜR 4 PERSONEN: 8 mittlere Sepien. TOMATENSUD (TEIL 1): 2 kg grüne Tomaten, 200 g Äpfel (Elstar oder Boskop), 140 g Fenchel, 50 g Petersilienblätter, 4 Zweige Zitronenthymian. TOMATENSUD (TEIL 2): 100 g getrocknete Shiitake Pilze, 100 g Bonito Flocken, ¼ Stück Kombu-Alge, 200 ml Mineralwasser, etwas Sojasauce, Reisessig, Xanthan. AUSTERNCREME: 4 Austern (mittelgroß), 200 ml Vollmilch, ½ gewürfelte Schalotte, ½ Knoblauchzehe, 2 g Agar-Agar. ERDBEEREN: 4 reife Erdbeeren, 4 unreife Erdbeeren. ALGENPUDER: 50 g Seaweed Mix (getrocknet). ALGENÖL: die Hälfte des Algenpuders, 100 ml Traubenkernöl. **DEKO:** 6 Austernblätter. Meeressalat

„Abseits der Klassiker präsentiere ich Gerichte, bei denen Zutaten oder ein bekannter Geschmack in neuer Form präsentiert werden." Danny Riewoldt scheut keine noch so extravagante Kombination und traut sich: an Saiblingskaviar mit Mohn und Eigelb oder Kerbelknolle mit Entenleber, Vadouvan, Müsli. In die historische Windmühle haben er und Kerstin Schulze viel investiert, ein optisches Schmuckstück daraus gemacht mit vielen liebenswerten Details. Aufregendes Neuland im Alten Land.

ZUBEREITUNG: Sepien putzen, häuten, Abschnitte für die Sauce beiseitestellen. Sepiatuben im Vakuum bei 60 °C 20 min garen. Danach übereinanderlegen, fest in Klarsichtfolie wickeln und einfrieren. Gefrorene Sepien mit der Aufschnittmaschine in lange, feine Streifen schneiden.

GRÜNER TOMATENSUD (TEIL 1): Zutaten klein schneiden und im Ofen bei 180 °C 30 min rösten. Danach pürieren.

GRÜNER TOMATENSUD (TEIL 2): Tomatensud Püree, Sepiaköpfe und Abschnitte, getrocknete Shiitake, Bonito-Flocken, Kombu-Alge in 200 ml Mineralwasser bei 90 °C für 1 Std. ziehen lassen. Durch ein Tuch passieren. Mit Sojasauce und Reisessig abschmecken. Mit Xanthan binden (auf einen Liter 0,5 g). Kalt stellen.

AUSTERNCREME: Milch, Schalotte, Knoblauchzehe aufkochen und 30 min ziehen lassen. Passieren. Sud mit 2 g Agar-Agar aufkochen, kalt stellen. Später Austernfleisch und Austernwasser in die abgekühlte Milchmasse geben und fein mixen.

ALGENPUDER: Seaweed Mix im Ofen rösten, zu Pulver mixen.

ALGENÖL: Algenpuder und Traubenkernöl auf 50 °C erhitzen und über Nacht ziehen lassen. Danach passieren.

ANRICHTEN: Die Sepiastreifen in einer Schale mit etwas Tomatensud marinieren. Danach in einen tiefen Teller geben und nochmals 3-4 EL des Tomatensuds hinzugeben.

Mit Meeressalat, klein geschnittenen Erdbeeren, einigen Klecksen Austerncreme garnieren und mit Algenpuder bestäuben. Die Austernblätter dekorieren. Zum Schluss leicht mit Algenöl beträufeln.

MUTTERLAND CÖLLN'S, NEUSTADT, CHEFKÖCHIN CINDY GERLACH

WOLFSBARSCH MARINIERT
AVOCADOCREME, ZWIEBELMARMELADE

ZUTATEN FÜR 4 PERSONEN: 600 g Wolfsbarschfilet ohne Gräten und Haut, 2 Zitronen, 3 Limetten, 10 g Salz, 20-30 g Zucker je nach Geschmack. **AVOCADO-CREME:** 4 reife Avocados, ½ rote Peperoni, 1 Knoblauchzehe, 5-10 g Salz, 40-50 ml Zitronensaft, 2 g Vitamin C, 5 g Zucker. **ZWIEBELMARMELADE:** 500 g Schalottenwürfel, 50 ml Rapsöl, 10 g Salz, 100 g Zucker, 100 ml Rotwein, 10 ml Rotweinessig

Schon 1760 wurde im Cölln's mit Fisch und Meeresfrüchten gehandelt. Bekannte Persönlichkeiten, Adelige und Kaufleute speisten in Deutschlands ältester Austernstube. Die 30.000 handbemalten Fliesen und kleinen Separees sind denkmalgeschützt und erzählen ein Stück Hamburger Geschichte. Jan Schawe führt mit Mutterland diese Tradition seit Mai 2017 fort.

ZUBEREITUNG

FISCH-MARINADE: In eine flache Schale den Zitronen- und Limettensaft geben, je nach Geschmack mit Salz und Zucker abschmecken. Die Fischfilets in dünne Scheiben schneiden und in die Marinade legen. Alles sollte gut bedeckt sein. Den Fisch ca. 10 min marinieren.

AVOCADOCREME: Avocados von Haut und Kern befreien. Das Avocadofleisch mit den anderen Zutaten in einen Mixer geben, pürieren und abschmecken.

ZWIEBELMARMELADE: Schalotten in Würfel schneiden, in Öl anschwitzen. Salz und Zucker dazugeben, karamellisieren. Nach und nach mit Rotwein ablöschen und einen kleinen Spritzer Essig dazugeben. Immer wieder einkochen. Zum Schluss abschmecken.

ANRICHTEN: Die marinierten Fischscheiben mittig platzieren, eine Nocke Avocadocreme seitlich anrichten, gerne mit hauchdünnen Chilischeiben dekorieren, das gibt Geschmack, Feuer und Farbe. Auf die andere Seite eine Nocke Zwiebelmarmelade. Dazu passen ein paar Spritzer Limettenöl und ein Wildsalat, z. B. mit Vogelmiere, Portulak, Giersch, Sauerampfer. Zum Schluss mit zarten Senfblüten bestreuen.

STEINBEISSER,
GRAUPEN, ZITRONEN-BUTTER-SCHAUM

ZUTATEN FÜR 4 PERSONEN: 200 g Steinbeißerfilet. **BUNTE MÖHREN:** 6 lila Möhren, 6 gelbe Möhren, 6 orangene Möhren, 10 g Salz, 10 g Zucker, 20 g Butter, **KRÄUTER-PERLGRAUPEN:** 200 g Zwiebelwürfel, 500 g Perlgraupen, 125 ml Rapsöl, 200 ml Weißwein, 20 g Salz, 1-2 g Cayennepfeffer, 2 l Gemüsebrühe, 20 g gemischte Kräuter. **ZITRONEN-BUTTER-SCHAUM:** 50 g Butter, 150 ml Milch, 5-10 g Salz (je nach Geschmack), 10 ml frischer Zitronensaft, 5-10 g Zucker (je nach Geschmack) 1-2 g Cayennepfeffer

Nach Stationen in Berlin, Timmendorf und bei Fillet of Soul in Hamburg, ist Cindy Gerlach heute Chefköchin im Mutterland Cölln's. „Wir haben einen hohen Qualitätsstandard, was die Produkte betrifft – nicht nur im Verkauf der Mutterland-Filialen, auch im Restaurant. Schollen aus Island, Möhren frisch aus der Region. Ich liebe die Geschichte dieses Hauses, koche gerne die erwarteten Klassiker, aber auch neue, eigene Gerichte wie den Steinbeißer.“

ZUBEREITUNG

STEINBEISSER: Fisch je nach Geschmack salzen und mehlieren. Das Mehl leicht abklopfen, der Fisch soll nicht unter einer Mehlhaube verschwinden. Danach in einer Pfanne mit heißem Öl anbraten.

BUNTE MÖHREN: Am besten je einen Bund kleiner und frischer Möhren, dann nur waschen (nicht schälen), vom Grün befreien und mit Salz, Zucker, Butter in einen Vakuumbeutel geben. Vakuumiert für 10 min bei 100 ºC im Wasserbad ziehen lassen. Vor dem Anrichten schräg halbieren und kurz in Butter schwenken, damit sie glänzen.

PERLGRAUPEN: Zwiebelwürfel in Öl anschwitzen. Die Perlgraupen dazugeben und mit anschwitzen. Alles mit Weißwein ablöschen, Gewürze dazugeben und dann nach und nach mit Gemüsebrühe ablöschen und immer wieder einkochen auf mittlerer Hitze, bis die Graupen weich sind. Zum Schluss die klein geschnittenen Kräuter unterheben.

ZITRONEN-BUTTER-SCHAUM: Butter, Milch, Salz, Zucker, Pfeffer, Zitronensaft in einen Topf geben und einmal aufkochen lassen. Mit dem Pürierstab aufschäumen. Eventuell noch etwas kalte Milch dazugeben, damit der Schaum noch fluffiger wird.

Hunderte von Fischläden gab es einst in Hamburg. Heute ersetzen Discounter und fahrende Markthändler die traditionellen Fachgeschäfte. Eines steht nach wie vor seinen Mann: Fische Schmidt.

GENUSS IM GANZEN

Am Eppendorfer Baum liegen Raritäten auf Eis. Ein ganzer Zander mit glänzenden Schuppen und klaren Augen. Ein Fisch mit Kopf und Schwanz ist tatsächlich nur noch selten zu haben. Bei Fische Schmidt schon. Dort ist das selbstverständlich. Weiß das Team doch, so ist das Essen ein Hochgenuss. Fleisch mit Haut und an der Gräte, das ist exzellente Butter bei die Fische.

„Tiefgefrorene, hochgezüchtete Sorten aus Asien, die nur billig sind und geschmacklich nichts zu bieten sind, kommen mir nicht über den Verkaufstresen. Genauso wenig wie Babyfische", sagt Frank Tamaschke, dessen Familie seit 30 Jahren den Laden betreibt, in dem seit 1929 Fisch über die Theke geht.

Im hohen Verkaufsraum wird nicht schnell ein Stück Fisch eingepackt. Es ist immer Zeit für einen Klönsnack mit den Kunden. Die kommen größtenteils aus der Umgebung. Eppendorf und Harvestehude. Da weiß man den Wert von guter Qualität zu schätzen und ist auch bereit, dafür zu bezahlen. Direkt am Isemarkt nebenan sagt die Konkurrenz zweimal die Woche Guten Tag. Bei Schmidts können sie gut damit leben.

Die Tage von Frank Tamaschke beginnen früh, meist gegen 4 Uhr. Fischmarkt an der Großen Elbstraße. Austern, Thunfisch, Seezungen, Jakobsmuscheln. Was stets dabei sein muss, sind Wolfsbarsch und Doraden aus Wildfang. Die sind besonders exotisch, weil selten. Frank Tamaschke ist kritisch. Ein richtig guter Steinbutt muss schon 1,5 Kilogramm wiegen, damit er bei Fische Schmidt aufs Eis darf.

Das Geschäft ist nicht von gestern, obwohl der Retro-Schriftzug im 70er Jahre Design über dem Laden den Anschein erweckt. Der Chef weiß, dass er kreativ sein muss, Fischsalate und Saucen, eine Passion von ihm. Das Sushi allemal. Und so strömen ihm die Kunden entgegen. Bis zu 250 pro Tag. Ein guter Fang.

PULPO
MIT AJI PANCA ANTICUCHO

ZUTATEN FÜR 4 PERSONEN: PULPO: 1 Pulpo, ca. 1,5 kg, 250 ml Sake, 1 g frischer Koriander, 1 g weißer Pfeffer, gemörsert, 60 g Salz, 1 Sternanis, 1 l Wasser. SAUCE: 212 g Aji Panca (südamerikanische Chili), 140 ml Reisessig, 50 ml Olivenöl extra vergin, 30 g frischer Knoblauch, 6 g Kreuzkümmelpulver, 2 g schwarzer Pfeffer, 7 g Salz, 4 g Korianderpulver

„Als Amerikaner hat mich meine Zeit bei NOBU in Las Vegas geprägt und für die japanische Küche sensibilisiert", erzählt Ben Dayag. „Zusammen mit Yuki, der u. a. persönlicher Koch des japanischen Generalkonsuls in Edinburgh war, verbinden wir im NIKKEI NINE auf kulinarische Art das Beste zweier Kontinente. Bei der Zubereitung dieses Gerichts ist es wichtig, dass der Oktopus keinesfalls in kochendes Wasser gegeben werden darf. Immer kurz vor dem Siedepunkt. Pro Kilo Oktopus rechnet man eine Stunde Garzeit."

ZUBEREITUNG

PULPO: Wasser, Sake, Koriander, Sternanis, Pfeffer und Salz in einem großen Topf auf 96 °C erhitzen. Währenddessen mit einem scharfen Messer den Körper von den Fangarmen hinter den Augen trennen, denn gegessen werden nur die Arme und den Schnabel des Pulpo — er liegt inmitten der Fangarme — entfernen. Er kann problemlos mit den Fingern herausgedrückt werden. Ist die Temperatur erreicht, den Pulpo in den Topf geben und ca. 1,5 Stunden köcheln lassen.

SAUCE: Aji Panca 10 min wässern. Von Kernen und Stielen befreien. Alle Zutaten in einen Mixer geben, bis eine homogene Sauce entstanden ist.

OKTOPUS KOCHEN - TIPPS UND MYTHEN

Oktopusfleisch ist sehr fest und elastisch. Es weich und zart zu bekommen, ist die größte Herausforderung für den Koch. Fischer schlagen das Fleisch oft mürbe. Die bessere Alternative: Den Oktopus 1-2 Tage einfrieren und anschließend im Kühlschrank langsam auftauen lassen (zu schnelle Temperaturveränderungen wirken sich „schockartig" auf das Fleisch aus). Auch so wird das Fleisch zart. Der Glaube, dass Weinkorken im Kochwasser beitragen, das Fleisch zart werden zu lassen, gehört ins Reich der Mythen.

NIKKEI ROLL
BALFEGÓ BLUEFIN SPICY TUNA, SHISO-WASABI-SAUCE

ZUTATEN FÜR 4 MAKI-ROLLEN: SHISO WASABI: 20 g Shisoblätter, 25 g Petersilienblätter, 5 g grüne Jalapeno, 12 g Yuzu Kosho Paste (mit grünen Chilis fermentierte Yuzuschale), 30 g Wasabipaste, 30 g Kizame Wasabi, 6 g Knoblauch, 36 ml Rotweinessig, 4 g Salz, 200 ml Olivenöl. **SPICY TUNA:** 250 g Bluefin Thunfisch, 4 getr. rote Chili. 80 g Gurken-Julienne (feine Streifen), 20 g getr. Chili, 40 g eingelegter Ingwer, **SUSHIREIS:** 250 g Sushi Reis (Foodhunter-Tipp: z. B. www.reishunger.de), 5 EL Reisessig, 1 ½ EL Mirin, 4 TL Zucker, 1 TL Salz. 4 halbe Noriblätter

Seit 2016 ist das goldgeflutete NIKKEI NINE eine opulente Augenweide und gehört in Hamburg schon fast zu den Sehenswürdigkeiten. Perfekter Kontrast zu Glanz und Glamour: Feinste Produkte mit höchster Akkuratesse angerichtet, denn die Küche ist japanisch geprägt, mit südamerikanischen Einflüssen, die den Küchen japanischer Einwanderer in Südamerika entstammen.

ZUBEREITUNG

SHISO WASABI: Alle Zutaten außer dem Öl im Mixer glatt mixen. Nicht zu lange mixen, da sonst das Grün von Petersilie & Co eine bräunliche Farbe annimmt und die Sauce leimig wird. Nun langsam das Öl zugeben und alles zu einer mayonnaiseartigen Konsistenz schlagen. Chili ins Eisbad legen und als Reserve zum Anrichten behalten.

SUSHIREIS: Reisessig, Zucker und Salz in einem kleinen Topf unter Rühren erwärmen, bis sich Zucker und Salz aufgelöst haben. Kühl stellen. Den Reis waschen, bis er klar ist und mit 500 ml Wasser zum Kochen bringen, 3 min kochen lassen. Dann zugedeckt 20 min auf der ausgeschalteten Herdplatte quellen lassen. Reis mit einem Holz- oder Bambusspatel rasch wenden. Mit einem Fächer kühle Luft zuführen, damit der Reis so schnell wie möglich Feuchtigkeit verliert.

ANRICHTEN: Thunfisch in längliche Scheiben schneiden. Auf eine Bambusmatte (idealerweise auf einer Seite mit Folie belegt) das Noriblatt legen und den Reis ebenmäßig darauf verteilen. Das Noriblatt mit dem Reis wenden. Thunfisch, Shiso Wasabi und die Gurken-julienne mittig platzieren. Als Maki Inside-Out rollen und dann in 6 gleichmäßige Stücke schneiden. Mit Shiso-Wasabi, hauchdünnen Chilistreifen und dem eingelegten Ingwer garnieren.

Das spanische Unternehmen Balfegó, das sich Fangquoten und Ressourcen-
schonung auf die Fahnen geschrieben hat, liefert den besten Thunfisch aus
nachhaltiger Zucht.

SURF & TURF BURGER
SÜSSE SCHALOTTEN

ZUTATEN FÜR 4 PERSONEN: 4 Burgerbrötchen, 2 tiefgefrorene Hummer à 600 g (wer will, nimmt lebende Hummer und kocht sie entsprechend). **PATTYS:** 1 kg Rindfleisch (z. B. Nacken), Salz, 2 El Rapsöl, 4-6 Scheiben Cheddarkäse. **ZWIEBELN:** 2 EL Butter, 2 Zwiebeln, in feine Ringe geschnitten, 1-2 TL Zucker, 1 Schuss Rotwein. **WÜRZE & DEKO:** 4 EL Barbecuesauce, 4-6 Scheiben Tomaten, 4-6 Blätter Kopfsalat. **SÜSSE SCHALOTTEN:** 150 ml Wasser, 100 g Zucker, 50 ml Rotweinessig, 200 g Schalotten, in feine Ringe geschnitten, Salz und Pfeffer aus der Mühle

„Der Hummer ist für mich eines der edelsten Tiere. Mir war es wichtig, einmal selbst nach ihm zu tauchen. Wir sind im eiskalten Wasser in den riesigen Limfjord getaucht, nur mit Schnorcheln und dick in Neopren eingepackt. Als mir das erste riesige Exemplar begegnete, konnte ich mein Glück kaum fassen und habe ihn mit bloßen Händen gefangen. Diesem Tier gebührt mein größter Respekt."

ZUBEREITUNG

SÜSSE SCHALOTTEN: Wasser mit Zucker und Rotweinessig aufkochen. Schalotten, Salz, Pfeffer dazu, erneut aufkochen lassen. Die Mischung in Weckgläser füllen. Süße Schalotten passen zu Burgern, Hotdogs, als Beilage zum Steak.

HUMMER: Hummer über Nacht im Kühlschrank auftauen lassen. Für die Zubereitung den Backofen auf 250 °C Oberhitze vorheizen. Die Hummer halbieren, auf das Ofengitter legen und mit der Fleischseite nach oben für 5 min grillen.

ZWIEBELN: Butter in einer Pfanne zerlassen und die Zwiebeln weich kochen. Zum Karamellisieren mit Zucker bestreuen.

Sind die Zwiebeln angebräunt, mit Rotwein ablöschen, aus der Pfanne nehmen und abtropfen lassen.

PATTYS: Das Rindfleisch durch die feine Scheibe des Fleischwolfs drehen und 4 Pattys formen. Rapsöl in der Pfanne erhitzen und die Pattys auf beiden Seiten scharf anbraten. Zum Schluss eine Käsescheibe auf die heißen Pattys legen.

ANRICHTEN: Die Brötchen halbieren, mit Barbecuesauce bestreichen und je einem Salatblatt belegen. Darauf die Käse-Pattys. Diese mit Tomatenscheiben und den süßen Schalotten belegen. Brotdeckel aufsetzen. Den halben Hummer auf den Brotdeckel setzen, mit einem spitzen Messer fixieren und auf einem Holzbrett servieren.

MIT BLICK AUFS WASSER

An der Alster, am Fleet, am Hafen oder am Elbstrand. Wunderbare Sehnsuchtsorte am Wasser sind auch in Hamburg rar. Insider haben uns einige wunderbare und ein bisschen geheime Orte verraten. Mit etwas Glück Sonnenuntergang und glitzerndes Wasser inklusive.

WASSERSCHLOSS SPEICHERSTADT

Ein magischer Ort auf einer Halbinsel zwischen zwei Fleeten und bis heute eines der beliebtesten Fotomotive Hamburgs. Anfang des 20. Jahrhunderts diente das Wasserschloss den Windenwärtern als Wohn- und Arbeitsstätte, seit 2011 beherbergt es ein Teekontor mit angeschlossener Gastronomie. Dienerreihe 4, 20457 Hamburg. Täglich ab 10 Uhr.

BRÜCKE 10 STRANDHAUS

Ab sofort weht die Brise der BRÜCKE 10 von den St. Pauli Landungsbrücken auch am Elbufer. Im Strandhaus ist es urgemütlich und ein stürmischer Spaziergang findet hier ein gutes Ende. Serviert wird ein geniales Ambiente, die berühmten Fischbrötchen, hausgebackene Kuchen und allerlei Kleinigkeiten aus der Kombüse. Övelgönner Hohlweg 12, 22605 Hamburg, täglich 11-18 Uhr.

GENUSSPIRATEN IN SAGEBIEHLS FÄHRHAUS

Das Traditionshaus mit über 100-jähriger Geschichte firmiert unter neuer Flagge: „Die Genusspiraten" sind eingezogen. Die Lage fantastisch, das Ambiente charmant, ein Mix aus Landhaus und Lounge. Sommelière ist Carine Patricio, preisgekrönt und Gewinnerin der Ruinart Challenge 2018. Blankeneser Hauptstraße 107, 22587 Hamburg. Mo-Fr ab 17 Uhr, Sa,So ab 12 Uhr.

LITTLE AMSTERDAM

Plötzlich endete ein Spaziergang am Isebekkanal in Amsterdam, genauer gesagt im Gartencafé „Little Amsterdam". Kaum zu glauben, was die Betreiber Bruno Kilzer Patrick Wehrend aus dem ehemaligen Toilettenhäuschen gezaubert haben: einen verwunschenen Wintergarten mit romantischen Lichtern und bewachsenen Lauben. Dazu eine frische Küche mit Fleisch vom Gut Wulfsdorf und der Metzgerei Dreymann und hausgemachten Kuchen. Ein perfekter Ort für die Auszeit am Mittag, den Aperitif zum Feierabend oder den Cocktail zur späten Stunde – also eigentlich immer. Klosterallee 69, 20144 Hamburg, täglich ab 11 Uhr.

DOCK 13

Dock 13 gehört zum Alten Lotsenhaus und liegt daher "eine Etage höher" als der allseits bekannte und gut besuchte „Erste-Reihe-Touristenpfad" zwischen Café Elbterrassen und Hoppe's. Dock 13 ist Biergarten, Sonnenterrasse, Grillstation, Lounge & Cocktailbar in einem. Kleine Speisen, gute Drinks, gutes Preis-Leistungs-Verhältnis. Övelgönne 13, 22605 Hamburg, bei schönem Wetter geöffnet.

BARMEIERS GARTENCAFÉ

„Wir sind kein Bootsverleih". Das Schild nutzt wenig, die Touristen fragen immer wieder nach. Wir auch, allerdings nicht nach einem Kanu, sondern nach den legendären Kuchen. Barmeiers Gartencafé ist ein Geheimtipp, die Kuchen hausgemacht, der Service entzückend! Da verschmerzen wir den fehlenden Blick aufs Wasser. Bootshaus Barmeier, Eppendorfer Landstraße 180, 20251 Hamburg.

SPEISEKAI

Reimund Braasch ist eine gastronomische Größe in Hamburg. Caterer durch und durch. Aber scheinbar mit Sinn für Romantik, denn als das 100 Jahre alte Bootshaus angeboten wurde, griff er zu. Jetzt ist das Speisekai ein Kleinod, eingerichtet im nordischen Stil, mit viel Holz, einer traumhaften Veranda, innen mit gepolsterten Bänken und viel Kerzenlicht fürs Wohlgefühl. Das verstärkt der nette Service und die Küche scheint ebenfalls im Aufwind. Isekai 12, 20249 Hamburg-Eppendorf. Mo-Sa ab 17.30 Uhr, So 12-17 Uhr.

FLEISCH
FORDERT RESPEKT

IBÉRICO
TINTENFISCH, KICHERERBSE, CHORIZO

Spanische Metzger zerlegen ihre Schweine auch deshalb teilweise anders als deutsche, weil bei den dort typischen Iberico Schweinen Bereiche wie Hals und Nacken eine ungleich höhere Fleischqualität bieten. Ein Beispiel dafür ist das Schulterstück Presa. Das wunderbar marmorierte Fleisch besitzt einen markanten, durch Eichelmast herrlich nussigen Geschmack und eignet sich für viele Zubereitungsarten.

VORBEREITUNG

PAPRIKA- VINAIGRETTE

200 g rotes Paprika-Püree (von Boiron), 1 EL Knoblauchöl, 1 EL Paprikaessig, 1 EL weißer Balsamico, 1 EL geräuchertes Öl, je 1 Prise Maldon Salz, Piment d'Espelette und Pimentòn de la Vera

Alle Zutaten miteinander vermengen.

CHORIZO-ÖL

Je 100 ml Olivenöl & Rapsöl, 1 Knoblauchzehe, je 1 Zweig Thymian und Rosmarin, 1 Lorbeerblatt, 150 g Chorizo, klein geschnitten, 150 g Sobrasada Iberica (Streichwurst)

Alle Zutaten zunächst nur in ein wenig Öl anrösten. Dann die restlichen Öle hinzufügen und alles ca. eine Stunde ziehen lassen. Durch ein Spitzsieb passieren.

FALSCHE KICHERERBSEN

500 ml Wasser und 4,5 g Algin vermengen, bis sich das Algin im Wasser aufgelöst hat. Alginwasser beiseitestellen.

100 g Kichererbsen, 1 l Wasser, 50 g grobes Salz, 25 g Sellerie, ½ Karotte, ½ weiße Zwiebel, 2 g Gluco (Texturas Ferran Adrià)

Die Kichererbsen über Nacht in Wasser einweichen. Am nächsten Tag im gleichen Wasser mit Salz, Karotte, Zwiebel und Sellerie kochen, bis sie weich sind. Die festen Bestandteile aussieben, die Kichererbsen trennen und die Brühe aufbewahren.

100 g der Erbsen pulen und beiseitestellen. Die anderen Kichererbsen unter Zugabe von etwas Brühe pürieren, bis die gewünschte Konsistenz erreicht ist. Gluco untermixen. Silikonformen (ca. 1 cm Ø) mit Püree befüllen und einfrieren. Die gefrorenen falschen Kichererbsen aus dem Silikon pressen und 4 min im Alginwasser baden. Danach in ein Gefäß mit klarem Wasser legen, sodass sich die Reste des Algin ablösen. Die fertigen falschen Kichererbsen und die übrigen Kichererbsen portionieren und in der Brühe bis zum Zeitpunkt des Anrichtens lagern.

PIQUILLOS-PAPRIKA-VINAIGRETTE

200 g Piquillos Pfeffer, 150 ml Traubenkernöl, 5 g Piment d'Espelette, 5 g Paprikapuder, 20 ml roter Paprikaessig

Pfeffer pürieren und mit dem Traubenkernöl zu einer Emulsion mixen. Die anderen Zutaten unter weiterem Mixen hinzufügen.

ZUBEREITUNG FÜR 4 PERSONEN

IBERICO

1 kg Ibérico Presa, 125 g Salz, 75 g Zucker, 37 g, Pimentòn de la Vera

Presa waschen und parieren (Reste für den Jus aufbewahren). Die Zutaten für vermischen, Presa damit einmassieren und über 4 Std. marinieren. Die Gewürze unter fließendem Wasser abwaschen, Presa mit einem Küchentuch leicht abtrocknen. Presa im Green Egg 2 min pro Seite angrillen, herausnehmen und abkühlen lassen. In eine Vakuumfolie legen und mit 1 EL Chorizo-Öl vakuumieren, danach bei 64 °C für 34 min sous-vide garen. Hat das Fleisch eine Innentemperatur von 51 °C, ist der Garpunkt erreicht. Das Presa aus dem Vakuum nehmen und 10 min ruhen lassen. Kurz vor dem Servieren mit etwas Öl, Butter, Knoblauch, Thymian und Rosmarin scharf anbraten.

IBERICO-JUS

Reste vom Presa, 100 g Chorizo, 2 Schalotten, 2 Knoblauchzehen, ½ Stange Lauch, 2 Stangen Sellerie, 5 große Champignons, 1 Zweig Rosmarin, 1 Zweig Thymian, 1 Blatt Lorbeer, 250 ml Bier, 500 ml Kalbsjus, 1 TL weißer Pfeffer

Die Fleischreste mit der gehackten Chorizo in etwas Öl und Butter in einem großen Topf goldbraun anbraten. Gemüse hinzufügen und mitbraten. Das Bier langsam zuschütten, bis keine Flüssigkeit mehr im Topf ist und es leicht karamellisiert. Kräuter hinzufügen und mit dem Kalbsjus bedecken.

1,5 Stunden auf geringer Temperatur köcheln lassen, dabei ab und zu umrühren. Im Anschluss durch ein Spitzsieb passieren und die Jus auf ca. die Hälfte reduzieren, bis die gewünschte Konsistenz erreicht ist.

SPITZKOHL

200 g Spitzkohl fein schneiden und in Salzwasser blanchieren. Vor dem Anrichten mit etwas Butter und Chorizo-Öl in der Pfanne leicht anschwitzen.

CHORIZO-SUD

100 g Chorizo, 1 weiße Zwiebel, 1 Schalotte, ½ weißer Teil eines Lauchs, 1,5 Stück rote Paprika, 500 ml Hühnerbrühe

Bestandteile in einem großen Topf anbraten, Brühe hinzufügen. Ca. 5 min köcheln und 1 Stunde ziehen lassen. Durch ein Spitzsieb geben, den Sud aufbewahren.

CHORIZO-GELATINE

220 ml Chorizo-Sud, 2 g Agar-Agar, 2 Blatt Gelatine

Sud und Agar-Agar in einen Topf geben und aufkochen lassen. Von der Kochstelle nehmen und Gelatine darin einweichen lassen. Mit einem Rührbesen vermengen und die Masse auf einem Backblech gleichmäßig ca. 2 mm dünn verteilen und gerade ziehen. Ist die Gelatine fest, Kreise ausstechen, ca. 4 cm Ø.

CALAMARI

2 Calamari im Ganzen, 1 Prise Maldon-Salz, Paprika-Vinaigrette (siehe Vorbereitung), gehackte Petersilie

Calamari putzen. Den Kopf abtrennen und halbieren. Den Körper öffnen und länglich in 5 mm breite Streifen schneiden. Streifen mit etwas Olivenöl scharf anbraten. Beiseitestellen und mit einer Prise Maldon-Salz, gehackter Petersilie und der Vinaigrette würzen.

GEFÜLLTE PERLZWIEBEL

4 Perlzwiebeln. FÜR DIE FÜLLUNG: 15 g Dijon-Senf mit 50 g Japanische Mayonnaise (schmeckt milder und leichter als deutsche Mayonnaise) vermengen.

Die Perlzwiebeln beidseitig kappen. In etwas Olivenöl langsam anbraten, bis die Zwiebel leicht karamellisiert. Aus der Pfanne nehmen und schälen, bis nur noch der innere Ring der Zwiebel übrig ist. Diesen Ring aufbewahren. Dijon-Mayonnaise in die Perlzwiebel füllen.

Weinempfehlungen:
2016 Sindicat La Figuera, Montsant.
2015 Syrah, Oliver Zeter.

DUROC SCHWEINEBAUCH,
SOJASAUCE, KIRSCHEN, MARINIERTER RETTICH

ZUTATEN FÜR 4 PERSONEN: 1,5 kg Schweinebauch vom Duroc, 70 ml Sojasoße, 10 ml Mirin, 50 g brauner Zucker, 20 g Ingwer, 1 Chilischote, 3 Knoblauchzehen, 50 ml Kirschsaft, 200 ml Gemüsefond, Pfeffer, Salz. **MARINIERTER RETTICH:** 150 g roter Rettich, 8 EL Rapsöl, 4 El Reisessig Salz. **GARNITUR:** 12-16 große, saftige Kirschen, ¼ Bund Schnittlauch

*Etwas Provokation steckt in jedem „Carmagnole",
weshalb ein gleichnamiger Drink naheliegend ist.
Monsieur Provocateur, kreiert von Nico de Soto aus
Paris, ist ein Aperitif auf Gin-Basis, zartsüß mit herb-
säuerlichen Nuancen, der selbst Gespräche über
provokante Themen stilvoll begleitet. Der Inhalt
zählt, blumige Deko braucht er nicht, aber eine
Präsentation im Art déco-Stil kann nicht schaden.
Das Rezept gibt es auf www.foodhunter.de*

ZUBEREITUNG: Für die Sojasauce, Mirin, Zucker und 100 ml vom Gemüsefond so lange verrühren, bis sich der Zucker aufgelöst hat. Ingwer in Scheiben schneiden, Knoblauch und Chilischote andrücken und dazulegen. Alles in einen Bräter gießen.

SCHWEINEBAUCH: Ofen auf 150 °C (Umluft) vorheizen. Schweinebauch mit Salz und Pfeffer würzen und mit der Schwarteseite nach unten in den Bräter mit der Sojasauce legen. Nun kann der Schweinebauch im vorgeheizten Ofen zwei Stunden schmoren.

Anschließend das Fleisch wenden und die Hitze auf 200 °C anheben. Ohne Deckel weitere 45 min schmoren. Danach den Schweinebauch herausnehmen, abkühlen lassen und kalt stellen, damit man ihn später besser portionieren kann.

Die restliche Flüssigkeit durch ein Sieb in einen Topf gießen und mit 50 ml Kirschsaft und dem Rest des Gemüsefonds anreichern. Bei mittlerer Hitze auf ca. 40 % der Flüssigkeit einkochen.

MARINIERTER RETTICH: Den Rettich sehr fein schneiden und mit Reis-essig, Rapsöl, Salz marinieren.

ANRICHTEN: Den fertigen Schweinebauch in 0,5 cm dicke Scheiben schneiden und in der Sauce heißlegen. Schweinebauchscheiben an den marinierten Rettichsalat legen, heiße Sauce an das Fleisch gießen.

Dekorieren mit den entkernten und halbierten Kirschen sowie mit 2 cm langen Schnittlauchspänen.

Trinkempfehlung: „Loirette",
Bière Artisanale de Touraine (unge-
filtert), Brasserie de la Pigeonnelle

foodhunter Hamburg 59

REHRÜCKEN MIT MOLE GEBRATEN
SÜSSKARTOFFELN, QUITTEN-KOMBUCHA

ZUTATEN FÜR 4 PERSONEN: 500 g Rehrücken, schier, ohne Fett und ohne Knochen, 40 g Mole (Altes Gewürzamt). **BOLOGNESE:** 100 g Butter, 500 g Rehnacken, grob gewolft, 100 g Pancetta, 8 Fleischtomaten, 1 Knoblauchzehe, in Scheiben geschnitten, 1 Stangensellerie, 6 Schalotten, 200 ml Filterkaffee, 400 ml Wildjus. **QUITTEN-KOBUCHA:** 5 Quitten, 120 g Zucker, 6 Blatt Gelatine, 12,5 g vegetarische Gelatine, 400 ml Kombucha. **FERMENTIERTE SÜSSKARTOFFELN:** 600 g Süßkartoffeln, ungewaschenes Meersalz (Sel de Guérande), Räucherspäne. **JUS:** 40 g Butter, Wildknochen (Abschnitte und Knochen vom Rücken), 200 ml Rotwein, 100 ml roter Portwein, 150 ml Sherry, 200 g Champignon, 300 g Schalotten, 2 l Kalbsfond **DEKO:** 16 Blatt Kapuzinerkresse

„Die Basis für exzellente Küche sind tadellose Produkte von Händlern des Vertrauens. Im Laufe meiner langjährigen Berufserfahrung habe ich mir ein gutes Netzwerk an Zulieferern aufgebaut. Dazu gehört auch das Hamburger Wildhandelskontor, das hochwertiges Wild aus Norddeutschland liefert und diesen Rehrücken so besonders macht."

VORBEREITUNG: Süßkartoffeln schälen, in feine Scheiben hobeln. 30 g Salz auf 1 l Wasser aufkochen und abkühlen lassen. Kartoffelscheiben in der kalten Salzlösung für 2 Wochen an einem dunklen, kalten Ort fermentieren. Die fermentierten Kartoffelscheiben später über Buchenspänen räuchern.

ZUBEREITUNG: Rehrücken in der Mole wenden und bei mittlerer Hitze in Butterschmalz anbraten. Danach für 4 min in den auf 180 °C vorgeheizten Backofen garen. Den gegarten Rücken für 15 min mit Alufolie abgedeckt, an einem warmen Ort ruhen lassen. Vor dem Anrichten für 2 min in den Ofen geben.

REHBOLOGNESE: Pancetta, fein hacken. Schalotten und Knoblauch schälen, beides fein würfeln. Stangensellerie waschen und ebenfalls fein würfeln. Butter im Topf schmelzen und alles darin anschwitzen.

Anschließend das Rehhackfleisch zugeben und unter Rühren bei hoher Temperatur von allen Seiten anbraten. Mit Wein ablöschen, warten bis die Flüssigkeit verdunstet ist. Nun Tomaten und die Wildjus hinzufügen. Das Ragout bei mittlerer Hitze zugedeckt mindestens 2 Std. köcheln lassen. Ab und zu umrühren. Kurz vor Ende der Garzeit den Filterkaffee zufügen. Das Ragout mit Salz und Pfeffer abschmecken.

QUITTEN-KOMBUCHA: Quitten grob zerkleinern und mit Wasser bedeckt weichkochen. Mit etwas Zucker abschmecken. Die Quitten pürieren und mit Kombucha abschmecken. Quittenmark in Halbkugel-Formen einfrieren. Vorm Anrichten in Kombucha mit der vegetarischen Gelatine tauchen.

JUS: Aus den angerösteten Knochen mit dem Alkohol, den Champignons und den Schalotten einen Jusansatz herstellen. Diesen mit dem Kalbsfond auffüllen und alles langsam einkochen lassen. Vor dem Anrichten die Jus passieren und mit etwas kalter Butter montieren.

RINDERFILET YAKINIKU
SÜSSKARTOFFELPÜREE, SAUTIERTE SHIITAKE

ZUTATEN FÜR 4 PERSONEN: 4 Rinderfilets à 250 g. **YAKINIKU-SAUCE:** 160 ml helle Soya-Sauce, 90 g brauner Zucker, 20 ml Mirin (süßer Sakeessig), 15 g fein geriebener Ingwer, 2 g fein geriebener frischer Knoblauch, 2 cl reines Sesamöl (z.B. von Kadoya oder Oh Aik Guan), 6 g weiße geröstete Sesamsamen, 3 g Tobanjan-Sauce (Chilibohnen-Sauce, scharf, salzig). **SHIITAKE:** 30 g frische Shiitake Pilze, (alternativ 10 g getrocknete Pilze), Butterschmalz. **SÜSSKARTOFFELPÜREE:** 1 kg Süßkartoffeln, 20 ml Milch, 30 g Süßrahmbutter, 5 g Shichimi Togarashi (7-Gewürze-Chili-Pfeffer)

Das Rinderfilet ist das edelste Teilstück des Rindes und stammt von der Lende. Dieser Cut ist besonders zart, mager, sehr fein marmoriert mit kaum Fett und eignet sich daher ideal zum Kurzbraten. Für das JIN GUI wird das feine Fleisch vom Familienbetrieb Rothe aus der Lüneburger Heide geliefert und sorgt mit einer 40 Tage Reifung für den kräftigen und nussigen Geschmack.

ZUBEREITUNG: Süßkartoffeln weichkochen, schälen, stampfen, salzen. Milch und Butter leicht erwärmen, zugeben, alles verrühren. Mit Shishimi Togarashi abschmecken.

YAKINIKU-SAUCE: In einem Topf alle Zutaten vermischen und für 15 min auf niedriger Temperatur etwas einkochen lassen.

FILET: Fleisch aus dem Kühlschrank nehmen, damit es Raumtemperatur bekommt und gut abtupfen, damit es später in der Pfanne nicht spritzt. Gusspfanne auf 180 °C aufheizen und etwas Butterschmalz dazugeben. Kein Olivenöl, keine reine Butter! Maximal zwei Steaks einlegen (sonst fällt die Temperatur zu sehr ab), kurz anbraten, raus aus der Pfanne und im Ofen bei 90-95 °C fertig garen. Hinweis: Für Medium Rare liegt die Kerntemperatur bei 53-56 °C, für Medium sind es 57-59 °C.

SAUTIERTE SHIITAKE: Gusseiserne Pfanne auf hohe Hitze stellen, bodenbedeckt Butterschmalz oder Pflanzenöl hinzugeben. Beginnt das Fett zu rauchen, die Pilze zugeben, jedoch nur so viele, dass sie Platz haben und nicht angehäuft in der Pfanne liegen.

Nun die Pilze mit schnellen Zugbewegungen wenden: Das Bratgut aus dem Handgelenk bis an den Rand der Sauteuse/Pfanne schwenken und diese am Stiel mit einem kurzen Ruck zum Körper zurückziehen. Sind die Pilze außen schön braun und innen noch saftig, sind sie fertig. Dann herausnehmen und auf Küchenkrepp abtropfen lassen.

ANRICHTEN: Fleisch gegen die Faser aufschneiden, schräg halbieren oder in dünnere Scheiben schneiden. Auf das Püree legen und die Pilze an die Seite geben. Mit der Soße nappieren.

STRAUSSENFILET,
GRANATAPFEL-JUS, CAJUNGEMÜSE

ZUTATEN FÜR 4 PERSONEN: 4 Straußenfilets à 180 g. GRANATAPFEL-JUS: 2,5 kg Kalbsknochen, Röstgemüse (Möhren, Sellerie, Zwiebeln), 500 ml Rotwein, 500 ml Gemüsebrühe, 100 ml Granatapfelsaft. *CAJUN GEWÜRZMISCHUNG:* 1 Zimtstange, schwarzer Pfeffer aus der Mühle, 2 Pimentkorn, 10 g Kreuzkümmel, etwas geriebenen Muskat, 1 getrocknete Chili, entkernt und in kleinste Würfelchen geschnitten, 3 Nelken, 10 g Senfsaat, etwas Paprikapulver, Salz. GEMÜSEBEILAGE: Gemüse der Saison, etwas Butter

„Südafrika ist unsere Leidenschaft, das sieht man an der Einrichtung, das schmeckt man auf den Tellern. Ich komme aus Westafrika und möchte den Gästen die Vielfalt der afrikanischen Küche nahebringen. Da gibt es noch viele Varianten mit Blättern und Wurzeln. Zum Strauß gibt es auf Wunsch auch Chakalaka, eine sehr scharfe afrikanische Salsa aus Paprika und Chilis."

ZUBEREITUNG

GRANATAPFEL-JUS: Die Kalbsknochen in einem Topf stark anrösten. Keine Sorge wenn sie dunkel werden. Je dunkler die Knochen, desto dunkler die Jus. Jedoch nicht anbrennen lassen.

In einer Pfanne das Gemüse (mit Schale!) anrösten und dann zu den Knochen geben. Mit Rotwein und Granatapfelsaft ablöschen. Einen guten Schuss der Brühe dazugießen und einköcheln lassen. Nach und nach die restliche Brühe eingießen. Der Jus dabei immer wieder Zeit geben, zu reduzieren. Je mehr Zeit, desto gehaltvoller wird sie.

Anschließend die Jus durch ein Sieb streichen, erneut einreduzieren lassen und auf dem Herd mit etwas Stärke binden.

CAJUN-GEWÜRZMISCHUNG: Alle Gewürze außer Paprikapulver und Salz in einer Pfanne ohne Fett anrösten, bis sie anfangen zu duften. Gewürze abkühlen lassen und mit etwas Salz im Mörser fein zerreiben. Paprikapulver zugeben und kurz mitmörsern.

ANRICHTEN: Gemüse schneiden, kochen, blanchieren. Ein Stück Butter in der Pfanne schmelzen lassen und das Gemüse darin schwenken. Die Cajun-Gewürzmischung darüberstreuen und weiter schwenken.
Das Straußenfilet stark anbraten und im Ofen je nach Dicke 4-6 min bei 160 °C weitergaren lassen. Vorsicht: Strauß kann schnell austrocknen. Das übliche „medium" entspricht beim Strauß dem medium-rare.

RESTAURANT PHILIPPS, KAROLINENVIERTEL, PHILIPP JOHANN (LI.), SEBASTIAN FORSCHNER

SPAGHETTI ALLA CARBONARA
»MIT SPECK FÄNGT MAN MÄUSE«

ZUTATEN FÜR 4 PERSONEN: 600 g Spaghetti De Cecco No 12, 50 g Butter, 12 Eigelb, 180 g Sahne, 180 g geriebenen Parmesan, 200 g Pancetta (luftgetrockneter Speck, sehr mild, aromatisch und feiner im Geschmack)

„Wir kochen, was schmeckt: Soulfood. Dafür verwen-den wir beste Produkte und achten bei der Zube-reitung darauf, den Geschmack hervorzuheben. So können selbst zwischen einem einfachen Gericht wie Spaghetti alla Carbonara Welten liegen. Die Carbonara machen wir für jeden Teller frisch." Philipp Johann und Sebastian Forschner haben beide vorher im Tafelhaus gearbeitet.

ZUBEREITUNG

5 l Wasser mit 3 EL Salz aufkochen und die Pasta 10 min ins sprudelnde Wasser geben. Tipp: Das Salzwasser mit einem Löffel probieren – wenn es so salzig schmeckt wie Meerwasser, ist es perfekt. Das ist wichtig, damit hinterher die Pasta auf dem Teller nicht nachgesalzen werden muss, was im Mund immer nur ein Salzkrümel-Erlebnis beschert.

SPECK: Pancetta in kleine Würfel schneiden und kräftig in Butter anbraten, bis er schön knusprig ist. Anschließend mit etwas salzigem Nudelwasser ablöschen und von der Flamme nehmen.

CARBONARA: In einer Schüssel Sahne, Parmesan und Eigelb ver-quirlen und auf die lauwarmen Speckwürfel geben. Die Pfanne sollte nicht mehr zu heiß sein, sonst gerinnt das Eigelb und wird zu Rührei.

Sind die Spaghetti al dente, mit der Nudelkralle aus dem Topf direkt in die Pfanne zur Soße geben. Dabei die Pfanne ständig schwenken, damit das Eigelb nicht gerinnt.
Mit einer Kochpinzette auf den Teller drehen und mit schwar-zem Pfeffer und frisch gehobeltem Parmesan garnieren.

VARIANTE: Die Italiener verzichten auf Sahne und Butter und nehmen statt Parmesan oft den Pecorino. Dann lautet das Rezept für 4 Personen: 500 g Spaghetti al dente kochen, 150 g Pancetta, in kleine Würfel geschnitten im eigenen Fett anbraten. Par-allel 4 Bio-Eigelb mit frisch geriebenem Pecorino verquirlen und pfeffern, bei Bedarf etwas Nudelwasser zugeben. Die fertige Pasta in die Pfanne mit Speck geben und die Eigelbmasse zuführen. Alles kräftig durchmengen.

IRISCHE OCHSENBACKEN
KARTOFFEL-ERBSEN-PÜREE, SAISONGEMÜSE

ZUTATEN FÜR 4 PERSONEN: OCHSENBACKEN: 4 Ochsenbacken (je 350-500 g), 1 Bund Suppengrün, 2 EL Tomatenmark, 1 große weiße Zwiebel, 100 ml Sojasoße, 1 Flasche Rotwein (Cabernet Sauvignon oder Merlot), etwas Piment, Pfeffer, 1 Lorbeerblatt, Salz.
KARTOFFEL-ERBSEN-PÜREE: 600 g mehligkochende Kartoffel, 400 g frische Erbsen (alternativ 150 g TK-Erbsen), 100 g Butter, 100 ml Geflügelfond, 100 ml Sahne

Die Ochsenbacken sind ein „signature dish", 20 Kilo pro Woche werden im Restaurant Philipps verarbeitet. Die verwendeten Ochsenbacken stammen aus Irland, denn die Qualität der Ware ist Philipp Johann und Sebastain Forschner wichtig. „Gut kochen und schlecht kochen dauert genauso lange, da kann man es doch gleich richtig machen."

ZUBEREITUNG: Die Ochsenbacken putzen und parieren und in drei gleichgroße Stücke teilen. Scharf anbraten. Das Wurzelgemüse in walnussgroße Stücke schneiden, dazugeben und ebenfalls anschwitzen. 2 EL Tomatenmark einrühren, leicht anrösten lassen und mit 100 ml Sojasoße ablöschen.

Einreduzieren lassen, bis keine Flüssigkeit mehr im Topf ist. Dann mit einem Schuss Rotwein ablöschen und wieder reduzieren, bis die Flüssigkeit verkocht ist. Es entsteht eine dunkle Sauce, die sehr intensiv schmeckt. Ist der ganze Wein verkocht, mit kaltem Wasser auffüllen, bis alles bedeckt ist und langsam aufkochen lassen. Dabei entsteht Schaum, der immer wieder abgeschöpft werden muss.
Nun Piment, Pfeffer und das Lorbeerblatt dazuzugeben und alles bei geöffnetem Deckel simmern zu lassen. Ist das Wasser verkocht, darf getrost immer wieder nachgefüllt werden, bis die Ochsenbacken zart sind. Da kann einige Stunden dauern.

Das Fleisch rausnehmen, den Fond durch ein Sieb passieren und über Nacht kalt stellen. Am nächsten Tag die Fettschicht, die sich abgesetzt hat, abheben und entsorgen.

SAUCE: Den Fond in einem großen Topf so lange reduzieren, bis eine kräftige Sauce entstanden ist. Diese kann noch leicht mit Speisestärke abgezogen werden, dann bekommt sie einen tollen Glanz. Jetzt nach Geschmack salzen, die Backen wieder in die Sauce geben und bei niedriger Temperatur warm ziehen lassen, damit sie wieder weich werden.

KARTOFFEL-ERBSEN-PÜREE: Die Kartoffeln kochen, schälen. Auch die Erbsen kochen und danach in eiskaltem Wasser abschrecken. Beides durch die Kartoffelpresse drücken, vorher eine Handvoll Erbsen beiseite stellen. Milch, Sahne, Geflügelfond erwärmen und die Butter darin schmelzen lassen. Das Butter-Sahne-Gemisch zu den Kartoffeln geben und mit einem Holzlöffel zu einem cremigen Brei verrühren. Abschmecken.

ALSTER WAGYUS

Die Veganerin Anna Butz denkt pragmatisch. „Ich kann nicht verhindern, dass die Leute Fleisch essen. Aber ich kann dafür sorgen, dass sie Fleisch essen, das auf möglichst optimale Weise gewachsen ist."

In Kayhude, einen Katzensprung vom Hamburger Stadtleben entfernt, hat Anna Butz den stärksten Kerl weit und breit an ihrer Schulter. Obelix, ein 9-jähriger Mischlingsbulle mit 1.400 Kilo Lebendgewicht und verschmust bis in die Hornspitzen. Er gehört zum festen Kern in Annas Rinderherde, die Wagyu, Chianina, Pinzgauer, Angus und Aubrac umfasst.

„Ich habe den Wagyu-Bullen Ito und einen Chianina-Bullen. Letzterer ist für seine Mädels zuständig, während alle anderen Kühe von Ito gedeckt werden. Ich werde also in zwei Jahren nur noch Tiere haben – abgesehen von den reinrassigen Chianina – die mindestens zu 50 Prozent Wagyu sind." Chianina sind etwas Besonderes, die größte Rinderrasse der Welt, Arbeitstiere aus Italien. Nach dem berühmten Chianina-Bistecca, ein Kotelett schon mal mehr als ein Kilo schwer, müssen Gourmets sonst lange suchen. Im norddeutschen Flachland finden sie es.

Anna Butz will jedoch nicht nur die vermeintlich feinen Stücke verkaufen, sondern das ganze Tier. „Ich kann nicht verhindern, dass Menschen Fleisch essen, aber ich kann dafür sorgen, dass es artgerecht entsteht." Artgerecht, das heißt bei ihr vom ersten bis zum letzten Atemzug.

Das Leben der Rinder ist ein glückliches. Im Sommer stehen der Herde 50 Hektar Weideflächen zur Verfügung, die sie ganztägig durchstreifen. Bei schlechtem Wetter warten zwei Ställe mit Tageslicht, dicker Strohdecke und offenen Türen. – Viel Bewegungsfreiheit, die das Fleisch muskulös werden lässt.

Das ist Premiumqualität für die ganz große Küche. Das wissen auch Hamburger Gastronomen, denen die Schleswig-Holsteinerin das vortreffliche Fleisch liefert.

Neben dem Haupthaus, direkt an der Alster, liegt die Geburtsweide, auf der die Kälber geboren werden. „Unsere Kälber werden neun Monate von den Mutterkühen gestillt. Baby Beef verkaufe ich nicht."
Auf der Wiese darf auch manche Oma-Kuh weiterleben. Das schafft Vertrauen. Mit 13 Jahren sind die Oldies nicht nur Rinder-Rentner. Gerade haben Spitzenköche diese alten Milchkühe als besonders delikat entdeckt.

Geschlachtet wird einmal im Monat. Die Züchterin begleitet das Rind auf seiner letzten Fahrt. „Dann ist es drei Jahre alt, hat zwei bis drei Sommer auf den Weiden genossen, eine kräftige Muskulatur und ein fein marmoriertes Fleisch entwickelt."

Nach Hammoor zum Schlachter ist es nur eine halbe Stunde, die Fahrt im Anhänger ist das Tier gewöhnt. Bei der Ankunft gibt es ein Brötchen, im nächsten Moment ist es auch schon vorbei.

Immer mehr Menschen kaufen bei den Landwirten ihres Vertrauens ein, am besten regional von der Weide nebenan. Weil sie sich fragen, woher das Fleisch kommt, was auf ihren Tellern liegt und wie die Tiere gelebt haben.

Per Newsletter erfahren die Kunden, dass ein Tier geschlachtet wurde und können im beigefügten Bestellformular ihre Wunschfleisch vorbestellen. „Meist ist das Fleisch innerhalb von 4-5 Stunden verkauft", sagt die Züchterin. Bis es beim Kunden eintrifft, dauert es einige Zeit, denn nach der Schlachtung reift das Fleisch. Vier Wochen am Knochen und in kontrolliertem Klima, bis es mürbe ist. Heute nennt man das Dry-Aging, früher einfach „gut abgehangen".

Anna Butz möchte bald einen eigenen Schlachtraum, direkt neben dem Stall und einsehbar. Damit Kunden vor Ort sehen können, wie die Tiere zerlegt und aus Teilen davon erlesene Wurst hergestellt wird. Grillwurst im Sommer, Rindermettwurst das ganze Jahr. – Für die Aussicht auf gutes Fleisch.

RUMPSTEAK
MAIS, HOMEMADE BBQ-SAUCE

ZUTATEN FÜR 4 PERSONEN: 4 Rumpsteaks à 200 g, 250 g Mais aus der Dose. **POLENTA:** 250 g Maisgries, 1 TL Salz. **MAIS & BROKKOLI:** 8 Mini-Maiskolben, 200 g wilder Brokkoli, Kalbsjus, Salz, Pfeffer, Cayennepfeffer. **BBQ-SAUCE:** 240 g Ketchup, 85 g brauner Zucker, 30 g Dijon Senf, 30 ml Apfelessig, 3 EL Worcestershire Sauce, 1 EL Kumin, gemahlen, 2 EL Senfkörner, gemahlen, 1 EL Currypulver, 1 TL Majoran, getrocknet

„Ich habe mein Konzept aus Bergstedt nach Eppendorf gebracht. Kochen mit regionalen Produkten, Genuss in legerer Atmosphäre. Unsere Karte bietet eine gute Mischung aus Klassikern und modernen gutbürgerlichen Gerichten. Das Fleisch zu diesem Gericht kommt aus Schleswig Holstein und Mecklenburg Vorpommern."

ZUBEREITUNG: BBQ-SAUCE: Ketchup bei mittlerer Hitze erwärmen, alle anderen Zutaten nach und nach hinzufügen und gut vermengen. Hitze reduzieren und für 30 min unter gelegentlichem Umrühren einkochen lassen.

POLENTA: 1 Liter Wasser zum Kochen bringen, Salz zugeben und den Maisgries einrühren. Polenta 10 min köcheln lassen. Dabei öfter umrühren.

MAISPÜREE: Den Dosenmais und die gekochte Polenta in einen Pacojet Becher geben. Mit Salz, Pfeffer und Cayennepfeffer würzen. Für 24 Stunden einfrieren und pacossieren. Zum Servieren das Maispüree im Topf erhitzen.

BROKKOLI: Den wilden Brokkoli von Blättern befreien, blanchieren und in Eiswasser abschrecken.

MAISKOLBEN: Mini-Maiskolben mit 2 EL BBQ-Sauce vakuumieren und bei 85 °C Wasserdampf für 15 min garen. Danach in Eiswasser abschrecken.

FLEISCH: Zunächst den Fettrand vom Rumpsteak scharf anbraten, danach das Fleisch 1 min von jeder Seite. Im Anschluss das Fleisch für 9 min bei 145 °C in den Ofen geben und schließlich bei 55 °C ruhen lassen.

ANRICHTEN: Brokkoli in Butter anbraten. Maispüree im Topf erhitzen. Gegarte Maiskolben halbieren und mit der Garflüssigkeit in einer Pfanne glasieren.

Maiskolben anlegen und mit BBQ-Sauce garnieren. Rumpsteak auflegen und mit Kalbsjus nappieren.

Weinempfehlung: 2012 Bergmantel „GG"
Lemberger, Weingut Aldinger, Württemberg.

NIL, ST. PAULI, ELISABETH FÜNGERS UND STEFFEN HELLMANN

LAMMKARREE
BLATTSPINAT, PAPRIKAFRITTATA, JOGHURTSAUCE

ZUTATEN FÜR 4 PERSONEN: FRITTATA: 1 rote Paprika, geputzt & gewürfelt, 200 g gekochte Kartoffelwürfel, 2 Eier, 80 ml Milch, gemahlener Kreuzkümmel, Curry. LAMM: 1 kg Lammkarree, geputzt, Öl zum Braten, Lammjus. JOGHURTSSAUCE: 150 g Joghurt mit 10 % Fett, 12 Minzeblätter, Zitronensaft, Zucker. SPINAT: 60 g Butter, 1 Schalotte, gewürfelt, 1 Scheibe Knoblauchzehe, 500 g Blattspinat, gewaschen und geputzt, Salz, Pfeffer. BEILAGE: Salzzitronenschale, in Streifen geschnitten

Hauptsächlich saisonale und regionale Produkte sind es, die in den den Töpfen und Pfannen der Küchencrew landen. Die beiden Küchenchefs Malte Schoel und Matthias Schulz sind ein eingespieltes Team, wenn es um die Verarbeitung und Verwertung ganzer Tiere geht. „Wir überraschen die Gäste auch mit Schweinebauch oder Entenherzen. Man kann aus jeder Zutat eine kulinarische Köstlichkeit machen." Seit 2006 ist das Restaurant Nil eingetragener Förderer von Slow Food.

ZUBEREITUNG

FRITTATA: Ofen auf 180 °C vorheizen. Für die Frittata Eier aufschlagen, mit der Milch verquirlen und mit Kreuzkümmel, Curry und Salz abschmecken.

Eine Kuchenform (500 ml Inhalt) mit Backpapier auskleiden, Paprika und Kartoffelwürfel hineingeben, mit der Eier-Mischung auffüllen und 45 min backen.

LAMMFLEISCH: Lammkarrees salzen, in heißem Öl anbraten und je nach Größe 20-30 min im Ofen garen. Danach das Lamm aus dem Ofen nehmen und 15 min ruhen lassen.

JOGHURTSAUCE: In der Zwischenzeit den Joghurt mit fein geschnittener Minze, Zitronensaft, Salz, Pfeffer und etwas Zucker abschmecken.

BLATTSPINAT: Butter in einer Sauteuse zerlassen, darin die Schalottenwürfel und Knoblauch glasig schwitzen, Spinatblätter hinzufügen und bissfest garen. Mit Salz und Pfeffer abschmecken.

ANRICHTEN: Frittata aus dem Ofen nehmen, portionieren und zusammen mit dem aufgeschnittenen Lammkarree, Spinat und der Joghurtsauce anrichten. Mit Salzzitrone garnieren.

LABSKAUS
SPIEGELEI, ROLLMOPS, ROTE BETE

ZUTATEN FÜR 6 PERSONEN: 675 g Rinderbrust frisch (ca. 240 g Fleisch gekocht), 3 normal große Zwiebeln, 60 g Gewürzgurken, 60 ml Gurkenwasser, 3 gestr. TL Salz, 825 g Kartoffeln, 300 - 400 ml Rote Bete Saft. **SUPPENGEMÜSE:** 3 Möhren, ½ Knollensellerie, ¾ Stange Sellerie, 1,5 Stangen Lauch, ¼ Bund Petersilie. **GEWÜRZSÄCKCHEN:** ¾ TL Pfefferkörner, ¾ TL Nelken, 6 Lorbeerblätter. 3 TL Schweineschmalz zum Braten. **BEILAGE:** 6 Bioeier, 6 frische Gabelrollmöpse, Rote Bete Kugeln aus dem Glas

Labskaus, das typisch norddeutsche Gericht, gibt es auch fix und fertig aus der Dose. Nicht immer wird dafür bestes Rindfleisch verwendet, geschweige denn Biofleisch. Das war Mutterland-Gründer Jan Schawe ein Dorn im Auge und so entwickelte er gemeinsam mit einer Bioschlachterei das Bioprodukt „Labsklaus".

ZUBEREITUNG

FLEISCH: Die Rinderbrust mit dem grob geschnittenen Suppengemüse und Salz in einen Topf mit heißem Wasser geben. Fleisch und Zutaten müssen knapp bedeckt sein.

Pfefferkörner, Nelken und Lorbeerblätter in einem Gewürzsäckchen dazugeben. Alles mindestens 2 Stunden kochen. Das Fleisch sollte dann weich und faserig sein.

Kartoffeln kochen, schälen, stampfen. Zwiebeln klein hacken und in Schweineschmalz andünsten. Gurken abgießen, sehr klein schneiden und beides zu den Kartoffeln geben. Gurkenwasser auffangen.

Fleisch herausnehmen und wolfen oder per Hand ganz fein schneiden. Die Fleisch-Gemüsebrühe durch ein feinmaschiges Sieb oder Tuch laufen lassen, um sie von Schwebstoffen zu befreien.

Nun das Fleisch mit der Kartoffel-Zwiebel Masse, etwas Gurkenwasser, dem Rote Bete Saft und Salz vermengen. Je nach Konsistenz Fleisch-Gemüsebrühe zugeben.

BEILAGE: Mit einem Gabelrollmops, einer aufgeschnittenen Gewürzgurke und einem Spiegelei in einem tiefen Teller platzieren, dazu 1-2 Rote Bete-Kugeln aus dem Glas, geviertelt.

Hobenköök: Vom Markt ins Menü

Markthalle, Restaurant, Catering.

Thomas Sampl und seine Crew landen Kräuter, Kraut und Konserven an und präsentieren ihre nordischen Ideen den Gästen. Sampl ist einer, der seine Gärtner und Bauern kennt, zu ihnen fährt, um zu sehen, was auf deren Feldern wächst, auch wenn die Zeit knapp ist und er und einen Gourmetdienst für sich arbeiten lassen könnte. Dann wäre er nicht der Koch, der andere Hamburger Küchenchefs in den letzten Jahren inspiriert hat.

In seiner Markthalle Hobenköök finden sich auf 600 qm 120 Produzenten, viele davon haben auch auf dem Isemarkt ihren Stand, über den Thomas Sampl regelmäßig Besucher führt. Das will er sich weiterhin nicht nehmen lassen, der Markt sei seine Inspiration, sagt er. Aber in der Hobenköök ist jeden Tag Markt.

Maltes Kräuter leuchten grün, Kruses Hofmilch steht gekühlt im Regal, Odefey & Töchter hat glückliche Hühner geschickt. Die erntereifen Früchte und feldfrischen Gemüse aus dem Alten Land und vom Hof Wurzelreich haben ihren Preis, sind aber auf dem Reifehöhepunkt. Markus Kober Käseaffineur liefert Edelschimmel und Dunkelbierkrusten, Kräutermäntelchen und Schafscamembert. Einen Gin für einen großartigen Abend braut eine Hamburger Manufaktur und natürlich sind die fruchtigen Scharfmacher von Eva Osterholz ihrer Firma Senf-Pauli im Angebot. „Möchten Sie probieren?", heißt es an der Käsetheke. Wir sagen nicht Nein zum Hamburger Pfeffesack mit grünem und buntem Pfeffer und der essbaren Rinde, sind angetan und ein großes Stück landet im Korb.

Feinstes Salz stammt in der Hobenköök nicht aus den Salinen des Mittelmeers, sondern aus der Ostsee bei Kiel. Der Hausherr möchte zeigen, was delikat ist und wie Lebensmittel in ihrer Urform schmecken. Warum rumzaubern, wenn eine großartige Gurke mit kleinen Dillzweigen auf einer Schwarzbrotscheibe ein schmackhaftes Mahl gibt?

Die Hamburger, die Thomas Sampl kennen, freuen sich, dass er zurück ist am öffentlichen Herd. Zu gut sind die Erinnerungen an seine geniale Küche im Vlet in der Speicherstadt. Dort verließ der Koch die gängigen Schnittmuster. Mit einfachen Tricks erreichte er auffallende Effekte. Ein Ausstecher teilte die bunten Wurzeln, wie Karotten im Norden heißen, in zwei Formen, in Ringe und Zylinder. Die geometrischen Muster waren nicht nur ein Hingucker, sondern eine süßliche Beilage zu Lamm oder Rind.

Sampl stammt aus einer Fleischerfamilie und durfte als Kind am Wurst-Stand auf dem Markt helfen. Da war eine Karriere als Marktleiter fast selbstverständlich. Im Hobenköök serviert er kreative Küche ohne Kompromisse. Dazu gehören Vertrauen, Hingabe und Liebe in der Küche und das gleiche verlangt der Koch auch von seinen Lieferanten.

Nico Andresen ist einer der Bauern, von denen Sampl weiß, auf die kann er sich verlassen. Andresen züchtet auf seinem Bioland-Hof in Selk nahe Schleswig Bentheimer und Angler Sattelschweine, ein paar Wollmilchsauen sind auch dabei. Neulich lieferte ihm Nico Andresen ein halbes Sattelschwein. Nach kurzem Überlegen riskiert es die Küchencrew, eine Innereien-Speise zu kredenzen. Eine vorzügliche Schweinerei. Das Rezept gibt es auf der nächsten Seite.

Thomas Sampl setzt zusammen mit Neele Grünberg und Frank Chemnitz eine neue Marke.
Die Hamburger Hobenköök (Hafenküche) ist am Oberhafen der neue Ankerplatz für Hobbyköche.
Ein Speicher für ausgewählte Zutaten aus Stadt und Umland.

INNEREIEN VOM BIO-SCHWEIN
LEBER, HERZ, SÜLZE

ZUTATEN FÜR 4 PERSONEN: 200 g Schweineherz, 500 ml Wasser, 20 g Salz, 20 g Zucker, Kräuterstiele (Rosmarin, Zitronenthymian, Sauerampfer), Sonnenblumenöl, Butter. **SÜLZE:** 400 g Schweinekopf mit Schnauze, 200 g Zunge, 200 g Haxe, 1 Pastinake, 2 gelbe Karotten, 2 große Zwiebeln, 2 frische Lorbeerblätter, eine Handvoll Selleriegrün, 5 Wacholderbeeren, 3 Pimentbeeren, 1 Msp Kreuzkümmel, Salz. **LEBER:** 300 g Leber, etwas Mehl. Beilage: 2 kleine Fenchelknollen, Borretschöl, Fenchelsamen (gemahlen), Apfelessig, 8 Blumenkohlröschen, Rapskernöl, Pfeffer, Muskat

Auf dem Biolandhof von Nico Andresen, leben nicht nur Bentheimer in artgerechter Umgebung, sondern auch Wollschweine und Angler Sattelschweine.

ZUBEREITUNG

HERZ: In einer Beize aus Wasser, Salz, Zucker, Kräuterstielen das Herz für 3½ Stunden marinieren. Danach aus der Beize nehmen, abtupfen. Öl in eine ofenfeste Pfanne geben, das Herz von allen Seiten anbraten, Temperatur reduzieren, eine Butterflocke und erneut Kräuterstiele hinzugeben. Mit der Buttersoße das Fleisch stetig begießen. Nach 5 min die Pfanne bei 80 °C für 30 min in den Ofen geben. Das Herz sollte danach 56 °C Kerntemperatur haben.

SÜLZE: Schweinekopf, Haxe und Zunge in kaltem Wasser wässern. In einen Topf mit 2 Litern Wasser geben, gemeinsam mit grob geschnittenem Gemüse, Lorbeerblättern, Selleriegrün, Gewürzen und einer Prise Salz. Alles langsam aufkochen, dann weitersimmern lassen. Zwischendurch immer wieder entfetten, da der Schweinekopf viel Fett abgibt. Etwa 2 Std. auf kleiner Flamme köcheln lassen. Das Fleisch aus dem Fond nehmen. Der Fond muss richtig klar sein. Fond durch ein feines Tuch passieren, auf ein Drittel einreduzieren, dabei nicht mehr kochen.

Die Zunge pellen und in kleine Scheiben schneiden. Die Haxe abpulen, das Fleisch klein schneiden. Den Kopf abpulen, das Fett bei Seite legen, aber versuchen etwas vom Bindegewebe rund um die Schnauze mitzunehmen. Nun abwechselnd, Zunge, Haxe, Kopf in eine rechteckige Terrine legen, auf jede Schicht etwas vom reduzierten Fond geben. Die Form am Schluss beschweren.

LEBER: Leber häuten, in dünne Scheiben schneiden, leicht mehlieren und bei 70 °C in der Pfanne von beiden Seiten braten. Zwischendurch einen Spritzer vom Fond und eine Flocke Butter in die Pfanne geben. Mit Salz abschmecken.

BEILAGE: Fenchelknolle in kleine Abschnitte schneiden, Hüllen samt Blatt belassen, kurz braten, mit Borretschöl, Fenchelsamen, Salz und einem Spritzer Apfelessig würzen. Blumenkohlröschen mit Rapskernöl, Salz, Pfeffer im Ofen bei 150 °C 20 min garziehen, bis die Röschen oben leicht braun sind. Im Mixer glatt pürieren, mit Muskat und Butter abschmecken.

Nieren, Leber und vor allem das Herz bieten für die Nase und den Gaumen eine geschmackliche Intensität, mit der kein Filetsteak mithalten kann. In den Kochbüchern unserer Mütter und Großmütter stehen die traditionellen Rezepte auf der Basis von Innereien und heute finden wir sie auch wieder.

Foodhunter-Info: Für das Gericht wird Rapskernöl verwendet, das aus geschälter Rapssaat gepresst wird. Es ist geschmacklich milder als Rapsöl.

BURRATINI
VOM WASSERBÜFFEL

ZUTATEN FÜR 4 PERSONEN: 4 Burratini vom Wasserbüffel (Anna's Hof, Ellerbek bei Pinneberg), 4 Feigen, 4 Strauchtomaten, 2 Handvoll Wildkräutersalat, rosa Pfeffer aus der Mühle, Limettenabrieb von 1-2 Limetten, Zucker, ein Schuss weißer Balsamico. **DRESSING:** Olivenöl, 25 ml Maracujasaft, Saft von einer halben Grapefruit, Salz, Pfeffer

ZUBEREITUNG

Zucker und Balsamico in einer Pfanne karamellisieren. Feigen halbieren und mit der Fruchtseite im karamellisierten Zucker kurz ziehen lassen.

DRESSING: Die Zutaten vermischen und den Wildkräutersalat durchschwenken.

ANRICHTEN: Burratini auf den Salat mit setzen und großzügig mit rosa Pfeffer und Limettenabrieb bestreuen.

1995 gründete der Karlsruher Helmut Wilderer seine Grappa-Destillerie in Stellenbosch. Längst ist die Destillerie — inzwischen vom Sohn übernommen — zum Geheimtipp für Kenner feiner Spirituosen geworden. Der Wilderer Gin ist eine Hommage an die Flora der Kapregion: Neben den obligaten Botanicals Wacholder und Koriander werden einige Kräuter und Wurzeln des Fynbos (besonderes Landschaftsgebiet) destilliert. Der Geschmack daher stark nach Kräutern, etwas Süßholz, aber auch frische Frucht, hinter der etwas rosa Pfeffer hervorkommt. Der beste Auftakt für einen südafrikanischen Abend!

GEBRATENER BÜFFELMOZZARELLA ALLA SARDEGNA MIT BROTCHIP UND RUCOLASALAT

ZUTATEN FÜR 4 PERSONEN: 400 g Büffelmozzarella, 50 g Semmelbrösel, etwas Salz. **SAUCE:** 1 mittelgroße Zwiebel, 2 Knoblauchzehen, Olivenöl, 500 g reife Strauchtomaten, 10 Sardellenfilets, 1 EL Kapern, einige getrocknete Tomaten, 10 Blatt Basilikum, je 1 Prise Salz, Pfeffer, Zucker. **SALAT:** 2 Handvoll Rucola, Balsamico, Olivenöl, Salz, Pfeffer, Oliven. **BROTCHIP:** 1 Ciabatta

ZUBEREITUNG: Büffelmozzarella in einem Tuch ausdrücken, bis er ca. 20 % Flüssigkeit verloren hat. Semmelbrösel gleichmäßig unterkneten, mit etwas Salz würzen. Mozzarella in Klarsichtfolie stramm einwickeln, sodass keine Luft mehr enthalten ist. Zusätzlich in Alufolie wickeln. Wasser aufkochen und den Mozzarella 30 min bei kleiner Hitze ziehen lassen. Kalt stellen.

SAUCE: Zwiebel und Knoblauch klein würfeln und in Olivenöl anschwitzen. Tomaten würfeln, mit dem Pürierstab glatt mixen und durch ein feines Sieb passieren. Sardellenfilets, getrocknete Tomaten und Kapern klein hacken und dazugeben, ebenso die Zwiebelmasse. Mit einer Prise Salz und Zucker abschmecken und den gezupften Basilikum hinzufügen. Kalt stellen.

SALAT: Rucola waschen und kurz vor dem Anrichten mit Essig, Öl, Salz und Pfeffer würzen, je nach Geschmack noch etwas Zucker.

BROTCHIP: Ciabatta in 1 cm dicke Scheiben schneiden. In der Pfanne mit Olivenöl rösten.

Mozzarella aus der Folie nehmen und in 1 cm dicke Scheiben schneiden. In der heißen Teflonpfanne mit Olivenöl kurz von beiden Seiten anbraten.

Das Lieblingslokal im Viertel, ein Ort, zum ‚immer wieder gerne Kommen‘. Die mediterrane Küche ist frisch und schafft es, aus scheinbar einfachen Zutaten immer wieder eine Gaumenfreude zu zaubern. »Ich lasse mich montags auf dem Markt inspirieren. Deshalb wechselt unsere Karte auch wöchentlich«, sagt Küchenchef Ole Petersen.

VERGESSENE GENÜSSE
AUEROCHSE

Im heutigen Hotel Altes Land lud schon 1837 ein Gasthof zum Feierabendbier nach der Feldarbeit ein. Der Tresen der ehemaligen Schenke steht immer noch und die Gaststuv' mit den kunstvoll gedrechselten Altländer Stühlen und den Schwarz-Weiß-Fotos lässt Gäste in längst vergangene Zeiten gleiten.

Chefkoch Frank Müller sucht schon aufgrund dieser Tradition jenes Gemüse, Obst und Fleisch, die Generationen vor ihm aus eigenen Furchen ernteten oder auf Weiden hielten. Seit über 12 Jahren widmet er sich den vergessenen Genüssen, kennt die Highland Burgundy so gut wie die Blaue Schwede, die Gelbe Duwicker so gut wie Türkische Erbsen.

Ein Highlight im Restaurant Altes Land ist der Bremer Teebraten. Dafür legt Müller den Tafelspitz vom "Eidertaler Auerochsen" eine Woche lang in einen Sud von Rotwein, Hagebuttensaft, schwarzem Tee, serviert ihn mit verschiedenen Wurzel- und Kartoffelsorten.

Eidertaler Auerochsen sind wissenschaftlich korrekt Heckrinder, Nachzüchtungen nach dem Vorbild einer lang ausgerotteten Art: Das letzte Exemplar des Auerochsen starb 1627.
1920 begannen Zoodirektoren, die Merkmale des Auerochsen aus 15 verschiedenen europäischen Haustierrassen erneut zu vereinen. So entstand das Heckrind.

Heute durchstreifen die Wildrinder drei bis vier Jahre das Obere Eidertal zwischen Bordesholm und Kiel sowie das Biosphärenreservat Elbtalaue, bis sie stressfrei auf der Weide erlegt werden. Das Fleisch ist kurzfaserig, fein marmoriert und schmeckt frischwürzig, weil die Tiere verschiedene Gräser und Kräuter fressen. Zudem hat das Fleisch weniger Fett, ist cholesterinärmer, reich an Vitaminen und Omega-3-Fettsäuren.

BREMER TEEBRATEN VOM AUEROCHSEN MIT HAGEBUTTENSAUCE UND BLAUER SCHWEDE

ZUTATEN FÜR 4 PERSONEN: 1 kg Tafelspitz vom Auerochsen ohne Fett und Sehnen, ½ l Rotwein, 2 Beutel schwarzer Tee, 2 Beutel Hagebuttentee, 2 Lorbeerblätter, 3 Gewürznelken, 1 Zimtstange, 1 TL schwarze Pfefferkörner, 1 Knoblauchzehe, 180 g Zwiebeln, 180 g Möhren, 100 g Sellerie, 100 g Porree, 2 EL Hagebuttenmarmelade, 30 g Butterschmalz. **BEILAGE:** 800 g Pastinaken, 75 g fein geschnittene Zwiebeln, 4 Blaue Schweden (Kartoffeln), 50 g Butter, 20 g Zucker, 2 g Salz, ½ Bund Petersilie

„Angefangen hat alles, als wir vor 12 Jahren nach einer alten Apfelsorte suchten. So entstand der Wunsch nach der Wiederbelebung vergessener Genüsse. Von der Urkarotte bis zum Wollschwein, von der Kartoffel Blauer Schwede bis zum Auerochsen, dessen Fleisch kräftiger und wildiger schmeckt, möchten wir regionale Küche frisch kreiert auf die Teller bringen. Tipp: Als Alternative zum Auerochsen- bzw. Heckrind kann man auch den Tafelspitz von der Färse nehmen.“

ZUBEREITUNG

TAFELSPITZ: Rotwein mit 250 ml Wasser, schwarzem Tee, Hagebuttentee, Lorbeerblättern, Gewürznelken, Zimtstange, Pfefferkörnern, Zwiebeln, Möhren, Sellerie und Porree aufkochen und abkühlen lassen. Teebeutel herausnehmen.

Einen großen Gefrierbeutel in eine Schüssel geben, das Fleisch hineinlegen und mit Marmelade sowie dem Gemüse übergießen. Den Beutel verschließen und as Fleisch zwei bis drei Tage im Kühlschrank marinieren. Danach den Beutelinhalt in ein Sieb geben, den Sud auffangen.

Das Fleisch trocken tupfen und großzügig salzen. Butterschmalz in einem Bräter erhitzen und das Fleisch von allen Seiten anbraten. Das Gemüse aus der Marinade zugeben, ebenso die Gewürze, alles kurz anbraten. Die Marinade zugießen und das Fleisch zugedeckt im vorgeheizten Backofen bei 170 °C etwa 2,5 Stunden schmoren.

HAGEBUTTENSAUCE: Das Fleisch herausnehmen, in Alufolie wickeln und im Backofen bei 100 °C warm stellen. Die Sauce durch ein Sieb in einen Topf gießen, das Gemüse gut ausdrücken. Die Sauce um ca. ein Drittel einkochen lassen und mit Hagebuttemarmelade und Salz abschmecken.

BEILAGEN: Kartoffeln kochen, in Thymianbutter anbraten. Pastinaken schälen, in 3-5 mm dicke Scheiben schneiden. Zwiebeln in ¾ der Butter farblos anschwitzen. Zucker Pastinaken, Salz beifügen und knapp mit Wasser bedecken. Aufkochen und bei schwacher Hitze garen. Restliche Butter zum gegarten Gemüse geben und die Flüssigkeit sämig einreduzieren. Zum Schluss gehackte Petersilie unterschwenken .

Die Kräuter und Gemüse für die „vergessenen Genüsse" lässt Frank Müller vom Museumsbauernhof Wennerstorf liefern. Der Bioland-Betrieb ist auf historische Sorten spezialisiert. Darunter die Türkische Erbse oder die Wilhelmsburger Kohlrübe, beide auf dem heutigen Markt kaum noch zu bekommen. Auf der hofeigenen Streuobstwiese geht es kaum weniger bunt zu: Seestermüher Zitronenapfel, säuerlicher Horneburger Pfannkuchenapfel (perfekt als Backapfel), herbsüßer Finkenwerder Herbstprinz, Altländer Pfannkuchenapfel, saftig-würziger Schöner von Herrnhut, die feine Winterbirne Gräfin von Paris oder die verführerische Hedelfinger Riesenkirsche.

Die Fleischerei Röhrs gehört zu den wenigen zertifizierten Betrieben, die alle Tiere, die sie zerlegen, auch selbst schlachten.

BEGEHRT: FLEISCHERJUNGS

Fleisch aus dem Supermarkt ist heute gängige Praxis. Dabei wünschen sich die Verbraucher eigentlich den guten alten Dorfmetzger zurück. Die Hansestadt Buxtehude hat ihren wieder – und was für einen: jung, smart, modern, mit guten Ideen und einer Qualität, nach der sich Feinschmecker im wahrsten Sinne die Finger lecken. Inzwischen ist das Vorzeige-Fachgeschäft von Daniel Röhrs sogar so etwas wie eine Sehenswürdigkeit.

In Buxtehude drücken sich Passanten an den Schaufenstern von Röhrs die Nasen platt. Der Laden hat an diesem Abend bereits zu, aber seine Prachtexemplare sind gut zu erkennen. Gewaltig große Fleischteile hängen in der beleuchteten Dry-Age Beefkammer, bedächtig am Knochen reifend und bereit, bewussten Fleischgenießern eine geschmackliche Offenbarung zu schenken.

Jedes Schwein, Kalb, Rind oder Lamm, das in den Theken von Daniel und seinen Fleischerjungs landet, ist handverlesen. „Ich suche die Höfe aus der Region gezielt aus, entscheide vor Ort, welche Tiere wir später haben möchten und besuche dazwischen regelmäßig diese Betriebe", sagt Daniel Röhrs, für den es wichtig ist, dass die Tiere artgerecht gehalten werden und bestes Futter bekommen. Zudem sind die Transportwege kurz und der Stress für die Tiere gering.

„Wir schlachten und zerlegen selbst und wissen also wirklich, woher unser Fleisch stammt und um die Qualität und können dies den Kunden überzeugend vermitteln. Als Fleischer setze ich so auch ein Zeichen gegen die Massentierhaltung." Daniel Röhrs macht damit jenen Appetit, die sich vor allem deswegen für den Verzicht auf Fleisch entschieden haben.

„Fleischereien finden kaum noch Nachfolger und auch den Beruf des Schlachters will niemand mehr erlernen." Dass Daniel sich dafür entscheiden hat, mag in seinen Genen liegen, denn die Firma Röhrs ist die älteste Fleischerei Norddeutschlands. Die Geschichte lässt sich bis ins Jahr 1709 zurückverfolgen.

„Auch wenn es manchen befremdlich erscheinen mag – ich war schon mit drei Jahren das erste Mal bei meinem Vater im Schlachthaus, habe später immer in den Ferien mitgeholfen und ich wollte von Kindesbeinen an nichts anderes werden als Fleischer. Es ist für mich eine Ehre, dass ich diese Tradition weiterführen darf." Sein größter Wunsch? „Ich möchte bald eine eigene Herde haben."

Für die Fleischreifung nimmt sich Daniel besonders viel Zeit. „Rindfleisch wird bei uns sechs Wochen gereift und unser Dry-aged Beef lagert sogar um die acht Wochen, bevor es den Laden verlässt. Durch diese lange Reifezeit wird das Fleisch besonders zart."

Gereift sind auch die Fleischkenner und die karnivoren Gourmets. Vielen ist inzwischen der Weg nach Buxtehude nicht mehr zu weit, um ein regional starkes Stück zu bekommen.

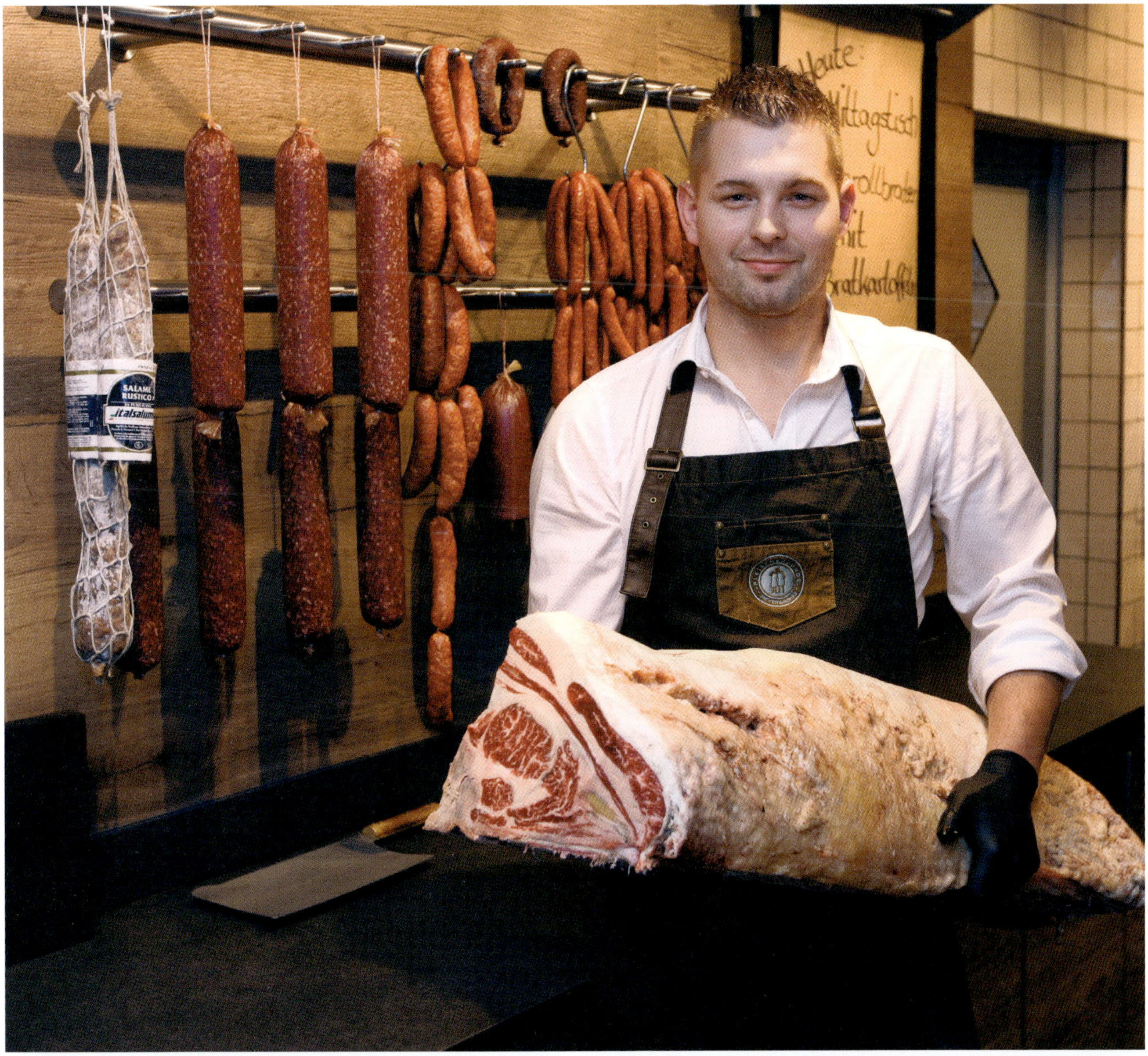
SALAME RUSTICO
italsalumi
Heute:

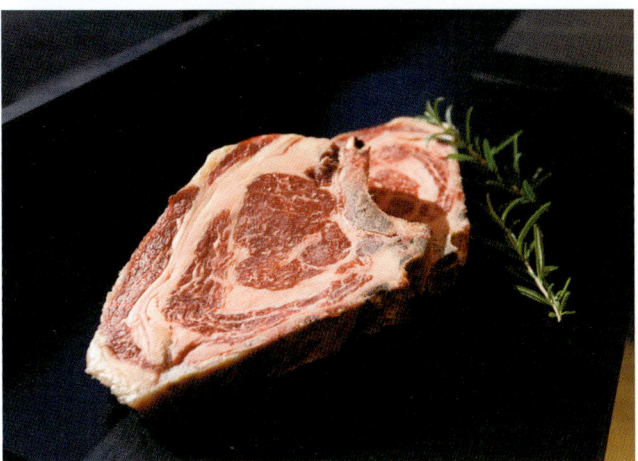

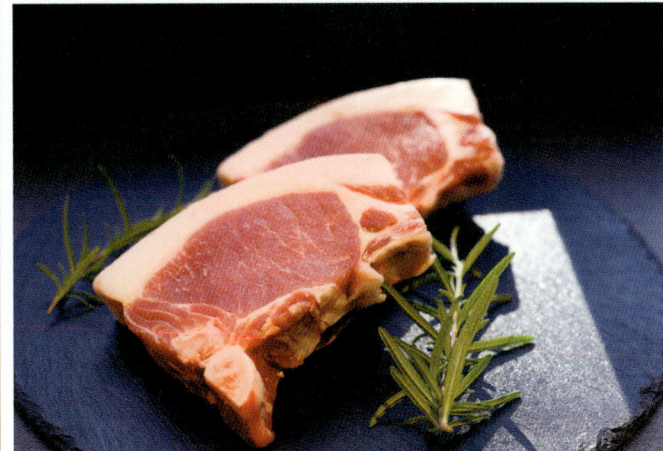

GUTES GEFLÜGEL
BEFLÜGELT

GÄNSELEBER
ERDNUSS, INGWER, ALGE

Mit seinem The Table hat Kevin Fehling in Hamburg ein neues Kapitel des Fine Dining eröffnet. 3-Sterne-Küche am langen Tisch mit Blick auf die Küche und die Zubereitung. Das Team eingespielt: Fehling hat seine ganze Mannschaft aus Travemünde mit nach Hamburg genommen. „Für dieses Gericht haben wir eigens Silikonformen in Erdnuss-form fertigen lassen. Es kann natürlich auch jede andere Form genommen werden."

ZUTATEN UND ZUBEREITUNG FÜR 4-6 PERSONEN

LEBERTERRINE

1 frische Gänsestopfleber (ca. 700 g)
40 ml Portwein (von 150 ml reduziert)
10 ml Cognac
16 g Pökelsalz
Pfeffer aus der Mühle, Fleur de Sel

Die Gänseleber von kleinen Adern befreien und in ca. 1 cm große Stücke teilen. Mit Pfeffer und Salz würzen und zusammen mit Cognac und Portwein vakuumieren. Eine Nacht in der Marinade lassen. Am nächsten Tag die Leber herausnehmen, in eine Terrine pressen und diese erneut vakuumieren. Im Wasserbad bei 65 °C für 30 min im Ofen garen. Danach die Terrine beschweren und für eine weitere Nacht gekühlt lagern. Anschließend die Leber in die gewünschte Silikonform pressen und 30 min anfrieren. Danach vorsichtig herauslösen.

ALGENGEL

40 g Kombu, getrocknet, klein gebrochen
25 g Wakame, getrocknet
2 l Wasser
175 ml Kombu Würzsauce

Getrocknete Kombu und Wakame im Wasser aufkochen, abgedeckt 2 Stunden auf der Warmhalteplatte ziehen lassen. Danach im Thermomix fein mixen und mit der Kombu Würzsauce abschmecken. Dadurch entstehen 450 g Algenpüree.

Das Püree mit 4 g Agar-Agar aufkochen, gelieren lassen und fein mixen.

ERDNUSSGELEE

75 ml Milch, 3,5 % Fett
25 ml Wasser
0,5 g Gellan
0,6 g Agar-Agar
0,2 g Locuzoon
50 g Erdnusspaste
Salz

Wasser mit Gellan und Agar-Agar mischen. Mit der Milch aufkochen und über die Erdnusspaste geben. Die Masse nochmals verrühren und in die Silikonform füllen. Einfrieren und auslösen.

SUSHI-INGWERGEL

250 g rosa Sushi-Ingwer in Lake

300 ml Wasser

125 ml Weißwein, trocken

Den Ingwer mit der Lake, Wasser und Wein vacuumieren und 2 Stunden im Wasserbar bei 65 °C garen. Danach 24 Stunden ziehen lassen. Passieren und den Ingwer gut ausdrücken.

150 ml Ingwerfond

2 g Agar-Agar

0,3 g Locuzoon

Zusammen aufkochen, gelieren lassen und fein mixen.

CITRUS RAGOUT

½ Stück Buddhas-Hand-Zitronen

85 ml Grapefruitsaft

45 ml Orangensaft

25 ml Zitronensaft

20 ml Passionsfruchtsaft

15 ml Limettensaft

2,5 g Agar-Agar

0,4 g Locuzoon

100 g Zucker, 100 ml Wasser

Die Fruchtsäfte mit Agar-Agar und Locuzoon aufkochen, gelieren lassen und durch ein feines Sieb streichen. Für den Läuterzucker den Zucker in Wasser aufkochen. Buddhas-Hand fein würfeln und in den Läuterzucker geben, erneut aufkochen und durch ein Sieb passieren. Die abgetropften Würfel anschließend auskühlen lassen und mit dem Zitrusgelee verrühren.

„STERNE GEHÖREN AUF DEN TELLER."

Seit 12 Jahren ist Kevin Fehling fester Bestandteil im Guide Michelin, seit fünf Jahren mit drei Sternen dekoriert. Trotz der damit verbundenen Ansprüche hat sich der heute 41-Jährige sein jungenhaftes Aussehen bewahrt, wirkt mega-entspannt in seinem Restaurant THE TABLE.

Ihr Restaurant ist nicht überladen, zurückhaltend in Farben und Dekoration. Gehören zu den Sternen nicht mehr Pomp und Opulenz?

Ich habe mich früher selber immer gefragt, was mich eigentlich stört, wenn ich in einem 3-Sterne Restaurant esse. Es war diese oftmals steife Atmosphäre. Im Moment entwickelt sich in Deutschland eine neue Esskultur und ich bin mit THE TABLE Teil dieses Entwicklungsprozesses.

Mit Mitte 30 haben Sie sich selbstständig gemacht, die Sicherheit des Hotels in Travemünde, für das Sie drei Sterne erkocht haben, zurückgelassen. Was war der Antrieb?

Ich wollte selbst bestimmen, meine Idee von Sterneküche umsetzen und Deutschland damit auch neu besetzen. Sterne gehören auf den Teller. Ich bin im Restaurant The Table auch Gastgeber, suche die Nähe zu meinen Gästen und will für sie ein Wohlgefühl kreieren.

Das verlangt den doppelten Einsatz....

Ja, aber Selbstständigkeit ist für jeden Koch eine andere Welt, ein erhebendes Gefühl! Man hat zwar nicht mehr Freizeit, aber mehr Freiheit. Wenn es wirtschaftlich noch gut läuft, umso besser.

Was haben Sie besser gemacht als andere, dass es wirtschaftlich für Kevin Fehling so gut läuft?

Die Abläufe sind bei uns genau strukturiert. Alle Wege von Küche und Service sind optimiert, hinter der Theke stehen – für den Gast unsichtbar – griffbereit alle Gedeck-Utensilien. Die Reservierung läuft über ein ausgeklügeltes System. Die ersten zehn Gäste kommen etwas früher als die nächsten zehn, sodass es immer stressfrei im Service läuft.

Sie verlangen 210 Euro für das Menü. Da schlucken viele, andererseits könnten Sie angesichts der Nachfrage (bis zu einem Jahr Wartezeit) auch 300 Euro verlangen und wären ausgebucht.

Das könnten wir, aber das ist nicht unserer Philosophie. Drei-Sterne-Küche erfordert einen immensen Aufwand, der muss honoriert werden. Dafür kostet bei uns eine Flasche Wasser um die sieben Euro. Ich sage immer: Wenn ich mein Geld mit Wasser und Wein verdienen muss, dann stimmt etwas nicht mit meiner Küche.

Alles ruft nach Regionalität – Ihre Zutaten sind stellenweise exotisch. Passt das zur neuen Esskultur?

Da unterscheidet sich Sterneküche von der Alltagsküche. Ich nutze den Planeten Erde für meine Kreativität. Das beste Produkt muss nicht zwingend aus einem Radius von 50 Kilometern stammen. Wichtig ist für uns aber, dass wir nur Produkte verwenden, die Saison haben und erntereif zu uns kommen.

Es ist immer wieder zu lesen, Kevin Fehling plane dieses oder jenes. Von Bar bis Foodtruck ist in der Gerüchteküche alles dabei. Wandeln Sie sich gerade vom Koch zum Unternehmer?

Ich liebe das unternehmerische Tun und die Entwicklung bleibt spannend, aber ich möchte auf meine Anwesenheit hier nicht verzichten.

SCHWARZFEDERHUHN, MÖHREN, PFIFFERLINGE, EMMER

ZUTATEN FÜR 4 PERSONEN: 2 Schwarzfederhühner. **HÜHNERBRÜHE:** Karkassen und Keulen, 2 weiße Zwiebeln, 2 Stangen Staudensellerie, 1 Lorbeerblatt, 1 TL weiße Pfefferkörner, 4 Zweige Thymian, 1 Prise Salz, 3 l Wasser. **SAUCE:** 4 Rote Bete, 1,5 l Hühnerbrühe, 50 ml Banyuls Essig, 20 ml Limettensaft. **MÖHREN:** 12 junge Fingermöhren, Rapsöl, Salz. **PFIFFERLINGE:** 500 g Pfifferlinge, 100 g Sauerrahm, Salz, Muskatnuss, 100 ml Hühnerbrühe. **EMMER:** 200 g Emmer, 200 ml Hühnerbrühe. **HIMBEER-KAKAO-CRISP:** 20 g gefriergetrocknete Himbeer-Crisp, 1 EL Kakaobruch. **DEKO:** 12 Himbeeren, 4 Blätter roter Löwenzahn (gezupft)

Das Schwarzfederhuhn stammt von Sigi Ochsenschläger, spezialisiert auf Freilandhühner und -hähnchen, auf Perl- und Bressehuhn. Zudem züchtet das Mitglied von Slow Food Bunte Bentheimer und Berkshire, baut über 15 Kartoffelsorten an und seltene Getreide. Durch den Direktvertrieb können auch anspruchsvolle Hobbyköche bei Ochsenschläger bestellen. „Bei ihm finde ich immer eine Topqualität und habe somit mein eigenes Farm-to-table", sagt Danny Riewoldt.

ZUBEREITUNG: Von den Schwarzfederhühnern die Brüste und Keulen auslösen. Die Hühnerbrüste beiseite stellen und diese später einfach nur in der Pfanne anbraten bzw. fertig braten.

HÜHNERBRÜHE: Karkassen zerkleinern und mit den Keulen im Ofen bei 180 °C für 25-30 min rösten. Danach alle Zutaten im Topf für 5 Std. kurz unter dem Siedepunkt köcheln lassen. Anschließend passieren und entfetten. Die gegarten Keulen können für ein anderes Gericht weiterverwendet werden.

PFIFFERLINGE & CREME: Pfifferlinge putzen und 300 g in einer Pfanne anbraten. Danach mit Sauerrahm vermengen und mit Salz und Muskatnuss abschmecken. Die restlichen 200 g der Pfifferlinge vor dem Anrichten in der Hühnerbrühe gar ziehen.

ROTE-BETE-SAUCE: Rote Bete entsaften und zu Sirup einkochen. Mit der Hühnerbrühe zu einer Sauce auf 300 ml einkochen. Mit Banyuls Essig und Limettensaft abschmecken. Das ist mehr Aufwand als gekaufter Rote Bete Saft, dafür geschmacklich wesentlich erdiger und süßer.

MÖHREN: Die Möhren mit etwas Rapsöl und Salz im Vakuum bei 85 °C für 30 min garen, danach in Salzwasser abschrecken.

EMMER: Emmer in der Hühnerbrühe gar ziehen. Mit etwas Salz abschmecken.

HIMBEER-KAKAO-CRISP: Gefriergetrocknete Himbeer-Crisp und Kakaobruch (Splitter von gerösteten und zerstoßenen Kakaobohnen) gut vermengen und als Deko über das Gericht streuen.

ODEFEY HUHN
LAUCH, HAGEBUTTE

ZUTATEN FÜR 4 PERSONEN

HUHN	HAGEBUTTENPÜREE	LAUCH
2 Hühner von Odefey	1 kg Hagebutten, halbiert, geputzt, gewaschen (alternativ Hagebuttenpüree oder gefrorene Hagebutten)	4 Mini-Lauchstangen mit Wurzel
2 l Pflanzenöl		1 TL Pflanzenöl
2 EL Meersalz		1 Prise Salz
1 TL Sanddornbeeren	300 g Apfelwürfel, geschält	
(alternativ Püree oder getrocknet)	100 ml Apfelessig	
1 Msp Fenchelpollen	2 Schalotten, in Würfel geschnitten	
2 Zweige Zitronenthymian-Blätter	1 Chilipaprika	
1 Msp Honigpollen	100 g Zucker	
Pfeffer aus der Mühle	Salz, Pfeffer	

ZUBEREITUNG

HUHN: Salz und Gewürze miteinander zu einem Gewürzsalz mixen. Das Huhn waschen, trockentupfen, Flügelkeulen und Keulen abtrennen. Das Huhn auf die Seite legen und einen kräftigen Schnitt nach unten durch die Karkasse machen, sodass nur die Brüste auf der Karkasse übrig bleiben. Die übrigen Teile für ein anderes Gericht verwenden. Im vorgeheizten Ofen die Hühnerbrüste bei 150 °C garen, bis sie eine Kerntemperatur von 65 °C haben.

Zwischenzeitlich das Öl in einer Fritteuse erhitzen. Einen Topf danebenstellen, der groß genug ist, um die Huhnbrüste an der Karkasse hineinzuhalten.

Das Huhn aus dem Ofen nehmen und 10 min ruhen lassen. Dann am Haken über den großen Topf halten und mit einer Kelle das heiße Öl über die Brüste laufen lassen. Den Vorgang mehrere Male wiederholenGegebenenfalls das Öl zum erneuten Erhitzen zurück in die Friteuse geben. Den Vorgang mit der Öldusche so lange wiederholen, bis die Haut aufgebläht und kross ist. Danach mit einem scharfen Messer die Brüste von der Karkasse tranchieren, mit ein wenig von dem Gewürzsalz bestreuen und sofort servieren.

LAUCH: Lauchstangen putzen, waschen (Wurzeln müssen von Sand befreit sein), trocken tupfen. In der Länge soweit kürzen, dass sie in die Pfanne und später auf den Teller passen. In einer heißen Pfanne mit etwas Öl stark anrösten, bis die Stangen kräftig gebräunt sind und mit einem Topf beschweren. Kurz ruhen lassen und leicht mit Salz würzen.

HAGEBUTTENPÜREE: Zwiebel, Essig, Zucker in einen Topf geben und aufkochen, bis der Zucker sich aufgelöst hat. Hagebutten, Apfel, Chilipaprika zufügen und bei geringer Hitze einkochen. Mit Salz und Pfeffer würzen. Im Mixer pürieren und durch ein feines Sieb streichen.

ODEFEY & TÖCHTER
Ich wollt ich wär' ein Huhn

Lars Odefey ist Hoflieferant. Die Hühner, die auf seinen Weiden ein glückliches Leben führten, garen später in den Pfannen und Töpfen der besten Gasthöfe nicht nur in der Hansestadt.

In der Nähe von Uelzen in der Lüneburger Heide beginnt jeder Morgen mit einem freien Leben auf Odefeys Weiden, das am Ende des Hühnerdaseins grandiosen Geschmack auf den Teller bringt. Im Schatten von Hecken und Obstbäumen, die für ein intaktes Ökosystem sorgen und dem Federvieh Deckung vor zu viel Sonne, Fuchs und Marder bieten, können die Hühner ausgiebig im Sand baden. Eine wunderbare Dusche.

Die glücklichen Hühner, nach denen sich die Spitzenköche sehnen, hier können sie picken, kratzen, nach Würmer und Insekten scharren.

Wenn die Weidehühner Schutz in den mobilen Ställen suchen, finden sie es zwar trocken vor, müssen für Wärme aber selber sorgen. Dämmung und Heizung haben die Hühnerheime auf der Wiese nicht. „Ich möchte robuste Tiere, die auch bei Schnee draußen sein können."

Die Hühner haben Auslauf, wann immer sie wollen und legen deshalb nur langsam an Gewicht zu – ein wesentlicher Grund für den Geschmack ihres Fleisches. Wenn sie zusätzliches Futter bekommen, ist es bestes Bio, von den Demeter Höfen Meyerhof zu Bakum, von Bauern aus den norddeutschen Bundesländern. Weizen, Mais, Lupinen, Raps, Erbsen.

Hobbyköche können sich die Hühner im Ganzen nach Hause bestellen (3 Stück für ca. 84 € + Versand). Frisch geschlachtet und im selbstkühlenden Paket. Für Selbstabholer hat der Hofladen in Uelzen jeden Mittwoch von 18-20 Uhr geöffnet.

Hühner aus Norddeutschland schmecken nicht weniger großartig als das allseits geliebte Geflügel von Züchter Mieral aus der Bresse.

Lars Odefey füttert sie tatsächlich mit der Hand, dreimal täglich. Das wolle er so, sagt der Züchter, mit den Tieren persönlich zu tun haben. Bis zu ihrem Ende. Nach 100 Tagen wiegen die Hühner 2,5 bis 3 Kilo.

Mit Respekt begleitet er sie auch in ihren letzten Stunden. Sie bleiben bei ihm auf dem Hof. Abends in der Dunkelheit sammelt er sie ein, morgens in der Dämmerung schlachtet er sie, im hofeigenen Schlachthaus. Mit so wenig Wasser wie möglich. Das Wasser ziehe sonst ins Fleisch ein, sei ein Nährboden für Keime.

Lars Odefey ist ein Handelsreisender. Er will die Spitzenköche überzeugen, dass seine Hühner nicht weniger erstklassig sind, als das Geflügel von Züchter Mieral aus der Bresse. Was die Südfranzosen können, das könne der Norddeutsche auch, sagte er sich. — Und stieß auf begeisterte Resonanz. Endlich war da jemand hierzulande, der wusste, wie Geflügel aufwachsen muss, um in der Pfanne nicht nur eine Pfütze Wasser zu hinterlassen. Hühner aus der Region, das hört sich gut an und schmeckt exzellent.

Jens Rittmeyer aus Buxtehude brät das Huhn im eigenen Fett für einen noch besseren Geschmack. Sven Elverfeld im 3-Sterne-Restaurant Aqua macht es genauso und auch die Berliner Crew vom Nobelhart & Schmutzig. In Hamburg hat Thomas Imbusch in seinem 100/200 das Geflügel aus der Heide auf dem Herd und Björn Juhnke schwört in seinem HACO ebenfalls auf Brust und Keule aus Niedersachsen.

NUGGETS, CORNFLAKES-PARMESAN-KRUSTE

ZUTATEN FÜR 24 NUGGETS

500 g ausgelöstes Hähnchenfleisch (gerne mit Haut)
1 Eiweiß
1 EL Kartoffelmehl
1 TL Knoblauchpulver
1 TL Salz

CORNFLAKES-PARMESAN-PANADE

180 g Cornflakes
40 g Parmesan, frisch gerieben
550 ml Öl zum Frittieren

KETCHUP-DIP

100 ml Ketchup
1 EL Weißweinessig
2 EL flüssiger Hong
1 TL Curry

Ein ganzes Bio-Huhn kaufen und alle Teile verwerten. Nachhaltigkeit in ihrer besten Form. So bleiben nach dem Genuss von der geliebten Hühnerbrust oft Keulen und Flügel, Karkassen und Fleischabschnitte zurück. Daraus lassen sich blitzschnell wunderbare Fingerfood-Lieblingsgerichte zaubern.

ZUBEREITUNG

PANADE: Die Cornflakes im Mixer 30 Sekunden zerkleinern. Den Parmesan zugeben und alles für weitere 15 Sekunden fein zerkleinern. Die Brösel auf einen Teller geben.

DIP: Alle Zutaten gut verrühren, nach Wunsch abschmecken.

NUGGETS: Das Hähnchenfleisch klein schneiden, mit Eiweiß, 50 ml Wasser, Kartoffelmehl und Gewürzen in der Küchenmaschine zu einer homogenen Masse verarbeiten. Aus dieser Masse kleine Bällchen formen und platt drücken, sodass sie ca. 2 cm hoch sind. Die Nuggets in den Bröseln wenden und abgedeckt für 30 min in den Kühlschrank stellen.
Das Öl im Topf oder der Fritteuse auf 160 °C erhitzen. Die Nuggets portionsweise jeweils 5 min frittieren, dabei immer wieder wenden, damit sie kleinmäßig garen und Farbe annehmen.

ANRICHTEN: Die Nuggets nach Wunsch mit Salzflocken bestreuen und mit dem Dip anreichen.

HÄHNCHENFLÜGEL, MIT INGWER UND HONIG MARINIERT

ZUTATEN FÜR 4 PERSONEN

1 kg Hähnchenflügel

Salz, weißer Pfeffer aus der Mühle

1 TL Pimentón de la Vera
(geräuchertes Paprikapulver)

2 Knoblauchzehen, gehackt

20 g Ingwer, gehackt

70 ml Akazienhonig

Erdnussöl

1 unbehandelte Limette

SHERRY-TOMATEN-SAUCE

70 ml Worcestershiresauce

70 ml Sojasauce

200 ml Sherryessig

200 g Tomatenmark

50 ml Akazienhonig

ZUBEREITUNG

VORBEREITUNG: Die Hähnchenflügel von überschüssigem Fett befreien und am Gelenk auseinanderschneiden. Mit Salz, Pfeffer und Pimentón würzen. Knoblauch, Ingwer und Honig zu einer Marinade verbinden und die Hähnchenflügel darin für 4 Stunden im Kühlschrank marinieren.

SHERRY-TOMATEN-SAUCE: In einem Topf alle Zutaten für die Sauce vermengen, mit 100 ml Wasser anreichern und alles einmal aufkochen lassen.

HUHN: Den Backofen auf 200 °C (Umluft) vorheizen und die marinierten Hähnchenflügel nebeneinander in eine Pfanne oder auf ein Backblech legen und mit dem Erdnussöl beträufeln. Für 40 min im Backofen garen. Die Flügel alle 10 min. mit der Sauce bestreichen, damit sie karamellisieren.

ANRICHTEN: Sind die Hähnchenflügel fertig, mit der Pfanne auf den Tisch stellen. Mit Limettenabrieb und Limettensaft finalisieren. Die Sauce in kleinen Schälchen reichen.

BOHNE, BIRNE, SPECK
MIT KNUSPRIGER BAUERNENTE

ZUTATEN FÜR 4 PERSONEN: 1 Bauernente, ausgenommen, Salz. JUS: 1 kg Rinderknochen, 500 g Gemüse (Sellerie, Karotten, Lauch, Zwiebeln), 100 g Tomatenmark, 1 Flasche kräftiger Rotwein, Gewürzsäckchen (Lorbeer, Piment, schwarze Pfefferkörner, Fenchelsamen), ca. 1 l Fleischbrühe, Sonnenblumenöl zum Anbraten. SPECK: 500 g ausgelöster, geputzter Schweinebauch, 2 l Fleischbrühe. BIRNEN: 4 kleine, süße Birnen, 100 g Zucker, 500 ml Weißwein, 1 Zimtstange, 2 Stück Sternanis. KARTOFFELN: 12 kleine festkochende Kartoffeln, 50 g Butter, gehackte Petersilie. BOHNEN: 250 g Brechbohnen, 250 g Wachsbohnen, 50 g Butter, 50 g Bohnenkraut, Salz, Pfeffer, Zucker

„Das Goldschätzchen ist ein Sammelsurium aus Schätzen aller Epochen. Kreativität und Leidenschaft prägen auch die Küche, denn wir arbeiten ausschließlich mit frischen Produkten überwiegend aus der Region. Firmenchef Patrick Diehr steckt uns alle an mit seiner Begeisterung und seinem Engagement. Die Ente für das Gericht stammt vom Schönmoorer Hof, Bad Segeberg. Artgerechte Freilandhaltung, hofeigene Schlachterei. Kein Stress für die Tiere. Diese Qualität schmeckt man.“

ZUBEREITUNG: Am Tag vorher die Jus zubereiten: Knochen bei 180 °C im Ofen 30 min rösten. Gemüse klein schneiden und in einem Topf mit heißem Sonnenblumenöl anbraten, bis es eine schöne Röstfarbe annimmt. Tomatenmark zugeben, kurz mitrösten lassen. Knochen dazugeben und mit Rotwein ablöschen. Alles einköcheln lassen, bis der Rotwein fast verdampft ist und eine glänzende, schwere Sauce entsteht. Mit Fleischbrühe aufgießen, bis alles bedeckt ist. 1,5 Std. köcheln lassen. Danach die Sauce durch ein feines Sieb passieren. Den passierten Sud im Topf weiter reduzieren, eventuell mit etwas Stärke abbinden. Mit Salz abschmecken.

SPECK: Die Schwarte rautenförmig mit einem scharfen Messer einritzen (nicht zu tief) und im Bräter mit Fleischbrühe bedecken. Abgedeckt bei 100 °C im Ofen vier Stunden garen lassen.

ENTE mit Salz einreiben. Im Bräter ohne Deckel 1,5 Std. im auf 180 °C vorgeheizten Backofen auf mittlerer Schiene braten. Rausnehmen, abkühlen lassen, Brust und Keule abtrennen und beiseite stellen. Vor dem Anrichten Ente und Speck bei 180 °C für 10 min in den Ofen, bis alles knusprig ist.

BIRNEN, KARTOFFELN, BOHNEN: Die Birnen schälen (Stiel dran lassen) und das Kerngehäuse von unten herausschneiden. Den Zucker im Topf karamellisieren und mit Weißwein ablöschen. Gewürze zugeben und die Birnen weichkochen lassen. Kartoffeln mit Schale weichkochen. Schälen, halbieren oder vierteln. In einer Pfanne mit Butter und Petersilie schwenken. Bohnen putzen und in heißem Wasser blanchieren. Danach in Butter und Bohnenkraut glacieren. Mit Salz, Pfeffer und einer Prise Zucker abschmecken.

Nichts im Goldschätzchen ist von der Stange. Es ist eine Verschmelzung von Kreativität der unterschiedlichsten Art. „Alle Mitarbeiter haben sich eingebracht. Sei es in der Deko oder in der Auswahl unserer regionalen Produzenten."

GOLDSCHÄTZCHEN & HOF WIEDWISCH

20 Kilometer außerhalb Hamburgs hat Patrick Diehr auf dem Golfplatz Peiner Hof das Restaurant Goldschätzchen eröffnet. Handmade ist alles, von der Decke bis zum Boden, vom Tisch bis zur Deko. Handmade ist auch die Küche – beste, frische Zutaten aus dem Umland. Wie gut, dass Diehr und sein Team für viele Produkte nicht weit fahren müssen. Auf dem Hof Wiedwisch in Kummerfeld liegt der Gemüsegarten, finden sich Guteschafe und Weidehühner. „Liebe. Respekt. Geschmack" ist die Philosophie von Patrick Diehr, die sein Umfeld leidenschaftlich mit ihm teilt.

„Wir sind eine Gastronomie auf dem Golfplatz, die allen Gästen offen steht", betont Patrick Diehr. „Nicht jeder vermutet das immer sofort." Gut zu wissen und so entwickelt sich der Golfplatz Peiner Hof mit seinem Goldschätzchen mehr und mehr zum Pilgerziel für Gourmets und Stadtentflieher, die in einem einmaligen Ambiente eine Auszeit suchen. Gleichzeitig bietet das Areal viel Spielraum für die hehren Ziele des Goldschätzchens: Bald die eigenen Galloways auf der Weide, die dann im Ganzen verarbeitet werden, eine eigene Fischzucht im Teich, die Erweiterung des Kräutergartens und irgendwann die Übernahme der Gärtnerei, um gemeinsam mit behinderten Menschen Obst und Gemüse anzubauen.

Patrick Diehr ist ein Ausnahme-Gastronom, steckt in dieses Objekt fast alles rein, was er über das Catering der Kochfabrik einnimmt, packt überall mit an, fährt an freien Tagen über Land, um Altes und Vergessenes zu entdecken und in seinem Restaurant zu neuem Leben zu erwecken. Geplant war das alles nicht. „Als ich das Restaurant übernommen haben, war es eine lieblose 80er Jahre Location. Wir haben erst einmal die Tapeten runtergerissen und so kam die coole Wand zum Vorschein. Der Rest hat sich dadurch ergeben."

Der Rest, das ist Kreativität pur: ausrangierte Teller an den Wänden, aufpolierte Industrielampen, ein prunkvoller Kristallleuchter aus einem ehemaligen Schloss, Bohlen aus alten Kellern, aufgehübscht und in rustikale Tischplatten verwandelt, antike Fliesenböden, allerlei Deko, aufgestöbert bei seinen Streifzügen, darunter ein altes Kochbuch, jede Seite von Hand geschrieben. Ein Schatz, wie auch das nostalgische Holzauto vom Opa, das auf dem Fenstersims im Wintergarten seinen Platz gefunden hat.

Die Schwedischen Blumenhühner freuen sich immer über Besuch, auch wenn's der Koch ist, in dessen Topf sie eventuell später landen.

„Inzwischen bringen uns manche Gäste sogar etwas. Silberbesteck oder alte, schöne Teller. Wir verwenden es gerne und die Gäste freuen sich, wenn sie einst Ungebrauchtes wieder vor Augen haben."

Das ungewöhnliche Ambiente stützt eine ungewöhnlich ehrliche Küche mit allerbesten Zutaten. Kompromisse macht Patrick Diehr da keine. Und seine Crew zieht mit. „Weil ich nur Leute mit Herz und Passion einstelle, weil jeder etwas beitragen kann – und soll."

In der Küche läuft alles nach Plan. Wirklich nach Plan, Blatt für Blatt gekennzeichnet mit Buntstiften und nach Wochentagen sortiert. „Wir sind in erster Linie Caterer. In der Küche werden gerade 20 Events vorbereitet." Mit Schrecken denken wir an Partys, bei denen wir 12 Gäste hatten. Ein Chaos. Im Goldschätzchen hingegen Ruhe pur. Patrick lächelt. „Alles eine Frage der Organisation."

Frischer Salat fehlt. Einige Auberginen wären schön, 50 Eier und irgendetwas Extravagantes an Kraut oder essbaren Blumen, sagt die Küchen-Crew. Kein Problem auf dem Land, der Hof Wiedwisch von Dörte Wendorff-Rusch ist nur wenige Kilometer entfernt.

Glücksgärten verpachtet sie an Menschen, die sich um den eigenen Gemüseanbau kümmern möchten. Sie und Patrick kennen sich seit Jahren, haben früher in der Hofscheune große Hochzeitsfeste organisiert.

Gesucht, gefunden. Patrick Diehr und Dörte Wendorff-Rusch vom Hof Wiedwisch. Bio-Qualitäten, Gemüsegarten und glückliche Viecher. Sie züchtet und baut an, was die Küche des Goldschätzchens so braucht.

Die Philosophie 'Liebe. Respekt. Geschmack.' verbindet auch diese beiden. Dörte züchtet Guteschafe, eine seltene Rasse. Das Fleisch von diesen Schafen schmeckt extrem fein und zart, selbst bei älteren Tieren. „Das kommt mir entgegen, denn Lämmer oder Kälber sehe ich lieber glücklich bei ihren Müttern als auf dem Teller", sagt Patrick Diehr.

Die Schwedischen Blumenhühner freuen sich immer über Besuch, auch wenn's der Koch ist, in dessen Topf sie eventuell später landen. Handfütterung — wer kann da schon Nein sagen.

Im Goldschätzchen-Glücksgarten macht der Chef eine glückliche Entdeckung. Nicht nur büschelweise Dill, reife Bunte Bete, knackiger Mangold und die gewünschten Auberginen, sondern auch blühender Koriander, dessen weiße Blüten so zart sind wie der Geschmack in diesem Stadium. „Daraus mache ich Currywurst mit Koriander." Patrick Diehr freut sich wie ein Kind. Er buddelt, rupft und schneidet, riecht und kostet. „Da muss meine Küchenbrigade nochmal zur Ernte vorbeikommen, es ist so viel reif, Kreativität ist gefragt."

Im Goldschätzchen ist derweil Katja von Laufenberg am Herd. Macht frische Pasta, setzt einen Fond an, holt die Enten aus der Kühlung. Das Restaurant ist gut besucht. Im Wintergarten genießen die Gäste letzte Sonnenstrahlen, an der Bar bullert die Kaffeemaschine und am langen Bohlentisch schmaust glücklich der Mitarbeiterstab eines Hamburger Verlags. Wir fragen nach einer Weinempfehlung. Die kommt prompt von Sommelier des Restaurants: Ein fruchtig-cremiger Sauvignon blanc von Terlan Winkl, Südtirol. Die goldene Farbe scheint Programm. Wieder so ein genussvolles Goldschätzchen.

BRATHÄHNCHEN ZWEIERLEI
„MEDITERRAN" ODER „ORIENTALISCH"

MARINADE MEDITERRAN

1 Bio-Zitrone, Saft und Abrieb

1 Knoblauchzehe geschält, fein gehackt

50 ml Olivenöl

10 frische Salbeiblätter

1 Rosmarinzweig, gezupft

½ TL Salz

1 EL frischer Oregano, gehackt

MARINADE ORIENTALISCH

200 g Naturjoghurt, 3 % Fett

½ TL Koriandersamen

1 TL gemahlener Kardamom

½ TL gem. Kreuzkümmel

1 TL Kurkuma

Saft von ½ Zitrone

½ TL Salz

ZUBEREITUNG: Die Zutaten der gewählten Marinade mischen. Das Huhn mit der Marinade in einen Klarsichtbeutel geben, alles gut einmassieren, 6 Std. im Kühlschrank ruhen lassen. Den Backofen auf 230 °C vorheizen. Das Huhn mit der Brust nach oben samt Marinade in eine Ofenform legen und zunächst 100 ml Wasser angießen. 45-60 min im Ofen braten. Das Geflügel alle 20 min mit dem Bratensud begießen und verdampftes Wasser ersetzen, bevor die Form trocken wird.

Herausnehmen, am Tisch in der Ofenform servieren, aufschneiden und dazu einen Salat oder Gemüse servieren. Der Bratensaft dient perfekt als Sauce.

KAPAUN
GETRÜFFELTES KARTOFFEL-SELLERIE-PÜREE

ZUTATEN FÜR 4-6 PERSONEN

1 Kapaun, 300 g Périgord Trüffeln, in Scheiben gehobelt, gute Butter, Salz, Pfeffer. PÜREE: 600 g mehligkochende Kartoffeln, 400 g Knollensellerie, 250 ml Milch, 2 EL Butter, Salz, Pfeffer, Trüffel

ZUBEREITUNG

GEFLÜGEL: Flüssige Butter reichlich unter die Haut spritzen, insbesondere bei Keulen, Brust und Hautfalten. Dabei die Haut nicht verletzen, sondern diese vorsichtig mit einem unscharfen Gegenstand wie einem Gourmetlöffel nur etwas vom Fleisch abheben. Danach mit gleicher Vorsicht die Trüffelscheiben unter die Haut schieben.

Nun den Kapaun mit weicher Butter einreiben, salzen, pfeffern und bei 130 °C für ca. 2 Std. in den Ofen. Alle 15 Minuten mit heißer Butter und Bratensaft übergießen. Sollte eine zu starke Bräunung eintreten, die Hitze reduzieren und lieber eine halbe Stunde länger schmoren.

KARTOFFEL-SELLERIEPÜREE: Kartoffeln und Sellerie schälen, waschen und würfeln. In Salzwasser zugedeckt weich kochen. Die Milch erwärmen und die Butter darin zerlaufen lassen. Abgießen, die Kartoffelmischung fein zerdrücken (nicht mit einem Mixer, das wird schmierig) und mit der Milch mischen. Mit Salz, Pfeffer und Trüffel würzen.

TIPP: Butter und Trüffel zusammen lagern, die Butter nimmt automatisch das feine Trüffelaroma an. Bitte nie synthetisches Trüffelöl verwenden!

Der Kapaun ist wesentlich größer als ein Hähnchen, sein Fleisch weiß, mild, aromatisch. Das liegt daran, dass er mit 12 Wochen kastriert wird und sich angesichts des veränderten Hormonhaushalts das fett nicht nur in der Haut, sondern auch im Fleisch ansetzt. Kapaune gibt es nur im Dezember, gerupft, gewaschen und in milchgetränkte Leinensäcke eingenäht. Sehr stramm, damit sich das noch warme Fett an Brust und Keulen über den ganzen Körper verteilt. Derart eingeschnürt, geht es auf die Reise in die ganze Welt. Knapp drei Wochen bleibt er dank dieser Verpackung frisch und das Fleisch reift in dieser Zeit noch nach.

TIEF
VERWURZELT

KÜRBIS
HERBSTTROMPETEN

ZUTATEN FÜR 4 PERSONEN: 500 g Herbsttrompeten, 2 EL Pflanzenöl, 50 g Butter, 2 Zweige Thymian, Salz. **KÜRBISPÜREE:** 1 Hokkaido Kürbis, 2 Schalotten, 4 Zweige Thymian, 200 g Butter, 100 ml hochwertiges Rapsöl, Salz, Pfeffer. **EINGELEGTER KÜRBIS:** 1 Butternuss Kürbis (auch gerne einen anderen), 225 g Weißweinessig, 100 g Zucker, 1 Sternanis, 3 Nelken, ½ TL Senfsaat, Zimt, Meersalz. **BUTTER-CRUMBLE:** 100 g Butter, 50 g Maltodextrin, 2 g Salz

Skandinavisches Design, nordische Küche. Das HACO verarbeitet stets frische Zutaten im Einklang der Jahreszeiten. „Durch den innovativen Einsatz von Techniken wie Trocknen, Fermentieren und Einwecken können wir das ganze Jahr mit saisonalen Zutaten arbeiten, die einen aufregenden Genuss garantieren", sagt HACO Chef Björn Juhnke.

ZUBEREITUNG

HERBSTTROMPETEN: Pilze putzen und vom Trichter aus in Streifen ziehen. Öl in einer Pfanne erhitzen und 300 g Pilze scharf anbraten. Thymian zufügen und mitraten. Die Butterflocke unterrühren und die Pilze damit glasieren. Mit Salz würzen. Die übrigen 200 g Pilze auf ein Blech geben und im Ofen 3 Std. bei 120 °C trocknen. Danach im Mixer zu feinem Staub mixen, durch ein Sieb geben und in einem kleinen Gefäß aufbewahren.

KÜRBISPÜREE: Kürbis waschen und in kleine Würfel schneiden. Die Hälfte im Entsafter auspressen (etwas stehen lassen, damit sich die Stärke absetzen kann). Schalotten putzen und in Streifen schneiden. Im Topf die Butter bei mittlerer Hitze zum Schäumen bringen. Mit Thymian aromatisieren und die Kürbiswürfel zufügen. Für mindestens 20 min bei geringer Hitze rösten, um eine leichte Bräunung zu gewährleisten. Mit dem Kürbissaft ablöschen und einmal aufkochen. Fein pürieren und während des Mixens das Rapsöl einlaufen lassen. Eventuell mit etwas Wasser auffüllen, um einen gleichmäßigen Mixvorgang zu haben. Mit Salz und Pfeffer abschmecken und durch ein Sieb streichen.

EINGELEGTER KÜRBIS: Kürbis putzen und mit einer Aufschnittmaschine in feine Streifen schneiden. Die restlichen Zutaten einmal aufkochen und über den Kürbis geben. In der Marinade auskühlen lassen. Zum Anrichten die Kürbisschleifen auf einem Küchenkrepp abtropfen lassen. Mit Meersalz würzen.

BUTTER-CRUMBLE: Butter zum Schäumen bringen und weiter erhitzen, bis die Molke sich trennt und die Butter bräunt. Sofort durch ein feines Sieb geben, Butter abkühlen lassen. Das Maltodextrin in eine Rührschüssel geben und unter ständigem Rühren die Butter langsam einlaufen lassen, bis sich beide Komponenten verbunden haben. Mit Salz würzen.

KOHLRABI
KERBELSUD, SONNENBLUMENKERN-RISOTTO

ZUTATEN FÜR 4 PERSONEN: 2 Kohlrabi, eine Handvoll Johannisbeeren. **KERBELSUD:** 1 Bund Kerbel, 200 ml Gemüsefond, Salz, Pfeffer, 1 Msp Xanthan, 2 EL Johannisbeeren, 1 Zweig Kerbel. **SONNENBLUMENKERN-RISOTTO:** 1 Schalotte, 100 g Sonnenblumenkerne (geschält), 50 ml Weißwein, 250 ml Gemüsefond, 30 g geriebenen Bergkäse, Salz, Pfeffer, Butter, Öl. **KOHLRABISCHLEIFE:** 1 Kohlrabi, Apfelessig, Rapsöl, Salz

Das Heimatjuwel ist ein legeres kleines Restaurant mit norddeutscher Küche. Doch so regional die Zutaten auch sein mögen so wenig provinziell ist die Umsetzung auf den Tellern. Marcel Görke serviert seinen maximal 30 Gästen feine Heimatküche mit überraschenden Kombinationen an Aromen und Texturen.

ZUBEREITUNG: Den Kohlrabi in Alufolie einpacken und für ca. zwei Stunden im Ofen schmoren bei 180 °C. Mit einer langen Nadel testen, ob der Kohlrabi im inneren Kern weich ist. Anschließend aus der Folie nehmen und abkühlen lassen. Die Schale entfernen und in die gewünschte Größe portionieren.

KERBELSUD: Kerbel grob abzupfen und waschen. Den Gemüsefond einmal aufkochen, Kerbel dazutun und gleich im Standmixer auf hoher Stufe eine Minute mixen. Abpassieren und kalt stellen, dass der Fond runterkühlen kann, so bleibt er länger grün. Anschließend abschmecken, eine Messerspitze Xanthan hinzufügen und mit dem Mixer kurz mixen.

KOHLRABISCHLEIFE: Kohlrabi schälen und mit einem Hobel zu einem Band schneiden. Mit Apfelessig, Rapsöl, Salz marinieren.

SONNENBLUMENKERN-RISOTTO: Die Schalotten in feine Würfel schneiden und im Öl anschwitzen. Sonnenblumenkerne zugeben, kurz anrösten, mit Weißwein ablöschen. Den Weißwein reduzieren lassen, dann den Gemüsefond zugeben.

Kurz vor dem Servieren mit Bergkäse und etwas Butter binden. Mit Salz und Pfeffer abschmecken.

ANRICHTEN: Den geschmorten Kohlrabi von beiden Seiten anbraten und würzen. Das Sonnenblumenkern-Risotto abschmecken und anrichten. Die Kohlrabischeibe platzieren, anschließend den Kerbelsud mit den gezupften Johannisbeeren angießen. Die Kohlrabischleife platzieren und alles mit Kerbelblättern und Johannisbeeren dekorieren.

RESTAURANT HELDENPLATZ, MARKUS HAMPP (LI.), JULIA HAMPP, ANDRÉ JEAN-MARIE NIMI

HOKKAIDO KÜRBIS,
BÜFFELRICOTTA, BIRNE, HASELNUSS

ZUTATEN FÜR 4 PERSONEN: 1 mittelgroßer Hokkaido, 250 g Büffelricotta, 10 Haselnusskerne, 5 Birnen, 200 g Panko (Panier-mehl aus Brotkrumen), 2 Schalotten, 75 g Butter, 100 ml Weißwein, 200 ml Sahne, 100 ml Essig, 200 g Zucker, 300 ml Wasser, 2 Sternanis, 2 Kardamom, 1 Zimtstange, Salz, Cayenne Pfeffer, Olivenöl, Daikon-Kresse

*„Mich muss am Ende immer die Qualität über-zeugen, da ist mir Regionalität weniger wichtig."
So ist Markus Hampp auch das Poltinger Lamm
aus Bayern bekannt, das bereits die Speisekarte
des Restaurants Heldenplatz zierte. „Manchmal
entscheidet ein Detail über den ‚perfect bite'. Die
Daikon-Kresse habe ich gewählt, weil sie mit ihrem
würzigen Radieschen-Rettichgeschmack dem
Kürbis einen Kick gibt."*

ZUBEREITUNG

Für den Fond Essig, Zucker, Wasser mit Stern-anis, Kardamom und Zimt aufkochen und zur Seite stellen.

HOKKAIDO: Kürbis waschen und halbieren, Kerne entfernen. Mit der Aufschnittmaschine in hauchdünne Scheiben schneiden. In den heißen Fond einlegen und auskühlen lassen (den Kür-bis 24 Stunden im Fond einlegen). Die Kürbisabschnitte für das Püree verwenden.

KÜRBISPÜREE: Schalotten schälen, in feine Streifen schneiden und in 25 g Butter farblos anschwitzen. Die Kürbisabschnitte dazugeben und ebenfalls anschwitzen. Alles mit 50 ml Weiß-wein ablöschen und einkochen. Die Sahne dazugießen und ab-gedeckt dünsten. Sobald der Kürbis weich ist, mit 25 g Butter, Salz, Cayenne Pfeffer alles zu einem glatten Püree mixen.

BIRNENCREME: Birnen schälen, entkernen und in grobe Wür-fel schneiden. Einen EL Zucker in einem Topf karamellisieren, 25 g Butter dazugeben und mit 50 ml Weißwein ablöschen. Birnen weich dünsten und anschließend glatt mixen.

PANKO in der Pfanne goldgelb rösten.

ANRICHTEN: Kürbis aus dem Fond nehmen, gut abtropfen las-sen und drapieren. Büffelricotta mit Salz und Pfeffer nach eige-nen Vorlieben abschmecken und als gebrochene Stückchen auf dem Kürbis verteilen. Kürbispüree und Birnencreme jeweils in einen Spritzbeutel füllen und als Punkte verteilen. Haselnuss-kerne über den Kürbis hobeln (alternativ in kleine Stückchen schneiden). Das Gericht mit etwas Olivenöl abglänzen. Panko verteilen und mit Daikon Kresse garnieren.

MOIN, CIAO, BONJOUR
ISEMARKT

Der beliebte und bekannteste Wochenmarkt Hamburgs liegt im Stadtteil Eppendorf. Mit knapp 900 Metern Standfläche
ist der Isemarkt auch der europaweit
längste Freiluftmarkt.

Im Schutz der Hoheluftbrücke lässt es
sich selbst bei Schietwetter trockenen
Fußes einkaufen: Ob Regionales aus dem
Umland, Olivenöl aus Italien, Delikatessen
aus Frankreich, Lavendelsäckchen, Blumen oder frische Fische – kaum etwas,
das bei über 200 Händlern nicht zu finden
wäre. Wir sagen Ihnen, an welchem Stand
Sie auf keinen Fall einfach vorbeigehen
sollten.

*Neben dem Isemarkt gibt es weitere charmante Märkte: den Wochenmarkt am
Goldbeckufer (Di, Do, Sa 8.30-13 Uhr) oder den kleinen Wochenmarkt am Turm-
weg mit nur 35 Händlern (Do 8.30-14 Uhr). Noch beschaulicher ist der Ottenser
Wochenmarkt am Spritzenplatz (Di 8-14 Uhr, Fr 8-18.30 Uhr), der zweimal wöchentlich zum Ökomarkt wird (Mi 12-18.30 Uhr und Sa 9.30-15 Uhr).*

ANNA'S HOF

Wasserbüffel sind Diven, grasen am liebsten auf der Weide. Zugefüttert wird, wenn überhaupt, nur hofeigenes Futter, weder Mais noch Hormone. Aus der Milch entsteht auf Anna's Hof in Ellerbek erlesener Mozzarella, der sogar einen Tick besser ist, als manches italienische Original. Ein Highlight ist die Burrata mit dem flüssigen Kern. Tipp: Wenn gerade geschlachtet wurde, unbedingt Hack, Dry-aged-Steaks, Bratwurst und Rouladen vom Wasserbüffel mitnehmen.

KRABBENHANDEL FRIEDRICHSKOOG

Eine Freude ist es, dieses Angebot zu sehen: Krabben aus der Nordsee. Gepult in Friedrichskoog oder Büsum, kleine und gro-ße Becher voll, auch in Aspik eingelegt. Wer sich einmal selbst versuchen will, um dann schnell zu merken, was für eine Arbeit das Krabbenpulen ist, kauft ganze Tierchen. Heutzutage eine Seltenheit, nicht nur in Hamburg.

KÄSE-THIELE

So lang der Wagen, so riesig die Auswahl. Pyrenäen Bergkäse, Roquefort Carles, Calvados Camembert, Emmentaler im Meter-durchmesser, Trüffelkäse mit einer dicken Schicht Wintertrüf-fel. Fast alle Spezialitäten stammen von kleinen Produzenten, bei denen Frank Thiele selbst vorbeischaut. Tipp: Der Ziegen-quark aus Schleswig-Holstein, er schmilzt auf der Zunge!

REVE DE FROMAGE

Ein wahrer Käse-Traum. Die Petersens bieten feinsten Frisch-käse in der Riesenschüssel an. Mit Steinpilzen und Petersilie, Roquefort und Birne, Cranberry und Curry, jeweils großzügig auf den Käse gesetzt. Tipp: Wer es süß mag, sollte die Variante mit Feigen mitnehmen.

FRANZÖSISCHE SPEZIALITÄTEN

Gut, wer französisch versteht, denn diese Franzosen sprechen nicht nur gerne ihre Landessprache, sie verführen auch mit französischen Delikatessen. Croissants und Baguettes verlan-gen nach Schweine-Leberpastete mit Oliven, Entenmousse mit grünem Pfeffer, diversen Pasteten oder Geflügelmousse mit Pilzen. Tipp: der unvergleichliche Ziegen-Rohmilchkäse.

DIE PASTAFRAUEN

Linguine, Fettuccine, Spaghetti, Pappardelle – selbst der größte Hobbykoch kann derartge Pasta zuhause nicht besser machen. Den Teig stellen die Pastafrauen selbst her, mit bestem Hartweizengries und Eiern aus Freilandhaltung. Tipp: hervorragende vegetarische Ravioli und Gnocchi, gerne mit Ziegenfrischkäse und Mozzarella gefüllt. Im Herbst und Winter liegen zudem frische Semmel-, Spinat- oder Pfifferling-Speck Knödel hinter der Glasscheibe.

DINKELMEISTER

Dinkelvollkornbrot, Amaranthbrot, Saure Mure, ein saftiges Roggenmischbrot mit der doppelten Menge Sauerteig, oder Hafer-Hirse Brot. Auch komplett weizenfreie Brote bieten die Dinkelmeister an, weshalb bei Jannine und Jörg Goldenbaum diejenigen Schlange stehen, die glutenfreie Backwaren brauchen. Die beiden backen mit dem Urdinkel Franckenkorn, weil in diese Sorte kein Weizen für höhere Erträge reingezüchtet wurde, wie sie sagen. Tipp: Klöben, mit Birkenzucker gesüßt.

OBSTHOF ZUM FELDE

Auslage für Bioäpfel, Kirschen, Pflaumen und Zwetschgen. Im Winter für Bitterorangen. Von der Farm „Ave Maria" östlich von Sevilla, einer Bio-Plantage, auf der der mineralische Boden der bitteren Orange eine besonderes Süße verleiht. Die auch als Pomeranze bekannte Frucht lohnt sich zum Kandieren wie auch als Füllung und Beilage zum Huhn.

PILZE ZUCHTPILZE TARIK BALTACI

Es müssen nicht immer Champignons und Pfifferlinge sein. Tarik Baltaci bringt die Hamburger auf neue Geschmackswege: mit Rosenseitlingen, Mandelpilzen, Pom Pom Blanc, Herbsttrompeten oder der badeschwammähnlichen Krause Glucke.

MALTE-KRÄUTER

Kein Kraut, was es hier nicht gibt. Majoran, Rosmarin, Estragon und weniger Bekanntes wie Borretsch, Kerbel oder Queller, sogar sardische Zitronen. Schon Opa belieferte von seinem Hof aus Kirchwerder (Vierlande) den Hamburger Großmarkt. Der Enkel bietet das breiteste Kräuterangebot der Stadt. Schon fertig gebunden sind sie ein Bouquet garni für Fisch oder Fleisch. Tipp: Bouquet de Bouillon mit Lorbeer und Liebstöckel oder die sieben Kräuter für die Frankfurter Grüne Soße.

KRUSES-HOFMILCH

Die Älteren staunen. Ja, da steht Plümmermelk, also saure oder dicke Milch. Das war damals, als die Milch noch so fett war, dass sie beim Älterwerden dick wurde. Bei Kruses Milch funktioniert das wieder. Wer es nicht kennt, mit Zucker und Roggenbrotkrümeln ein Hochgenuss. Seit fünf Generationen in Rellingen, haben sie eine eigene Hofmolkerei und bieten diverse Fruchtjoghurts, Kefir, Kuh- und Ziegenmolke, Einkaufstipp: Kruses lustige Ziege, ein Käse mit Agavendicksaft eingepinselt und in Meersalz, Knoblauch, Bärlauch, Basilikum, Rosmarin, Thymian, Rosenblüten und Kornblumen gewälzt.

FORELLENZUCHT BENECKE

Von November bis Februar löffelt Hermann Benecke frischen Kaviar von der Lachsforelle oder dem Saibling in die Gläser. Die Kügelchen schmecken zarter und schmelziger als die vom berühmten Störkaviar und sind auch in den anderen Monaten zu bekommen, dann allerdings pasteurisiert. Ebenso fein: Bio-Saiblinge und Bio-Bachforellen, frisch oder geräuchert, in Brunnenwasser herangewachsen.

DIE TIROLER

Der Rauch, in dem Würste und Schinkenspeck im Ofen lange verharrten, zieht sich von der Ecke des Standes angenehm nach links und rechts. Die Kaminwurzen sind wunderbar - und von kleinen Bauernhöfen. Genauso wie die Heumilchkäse und natürlich das traditionelle Schüttelbrot. Österreich schmeckt auch im Norden.

SPEZIALITÄTEN: NOCH MEHR
GUTE EINKAUFSADRESSEN …

KATTENDORFER HOF

240 Hektar auf unterschiedlichen Böden einer Moränen-Landschaft — ideale Voraussetzungen für Gemüse, Kartoffeln, für Dinkel- und Kleeanbau. Die Tiere auf dem Kattendorfer Hof leben von dem, was auf den hofeigenen Feldern wächst und wachsen artgerecht auf. Feines vom Hof gibt es hier: Hofladen Schanze, Max-Brauer-Allee 249, 22769 Hamburg. Hofladen Barmbek, Pfennigbusch 39, 22081 Hamburg. Jeden Sa auf dem Wochenmarkt Ottensen, 9.30-15 Uhr.

WILDGLÜCK
WILDFLEISCH

Das Wild stammt aus freier Wildbahn, geliefert von Jägern aus Schleswig-Holstein, Mecklenburg-Vorpommern und Niedersachsen. Daraus entstanden ist ein Lieferservice für Hamburg und Region mit außergewöhnlichen Produkten aus Wildfleisch: vom Wildschweinsteak bis zum Hirschfilet, vom Rehrücken bis zur Wildleberwurst. www.wildglueck.de

CASSENSHOF

Seit vielen Generationen ist der Cassenshof der Familie Voß wichtiger Bestandteil in der Lüneburger Heide und versorgt die Region mit Eiern von freilaufenden Hühnern, mit Bio-Heide-Spargel und Bio-Heide-Kartoffeln. Spezialität: Gänse zu Winterzeit, die ein schönes Leben auf blühenden Wiesen genießen durften und die bis zur letzten Lebenssekunde unter der Obhut einer vetrauten Person sind. Cassenshof-Hofladen in der Stadt: Waitzstraße 17, 22607 Hamburg.

ZIEGENHOF BACHENBRUCH

Zweimal die Woche fährt Catherine André mit ihren Spezialitäten nach Hamburg, öffnet hölzerne Kisten, denen ein betörender Duft entfährt. Zarte Grauschleier, milchige Pilzüberzüge, zartgelbe Schmiere umhüllen die Begehrlichkeiten: Ziegenkäse, in seiner — da sind sich Gourmets und Spitzenköche einig — allerbesten Form. St. Maure, Crottin, Verduette, Poivrotin heißen die Exemplare, hochdekoriert und in der Presse hochgelobt.

Eine Website oder einen Onlineshop hat die zarte Französin nicht, keine Zeit, denn die 300 Edelziegen fordern ihre ganze Aufmerksamkeit. Maximal 3 Liter Milch pro Tag schenkt jede Ziege, 100 Liter benötigt Catherine für 10 kg Käse. Die Reifezeit der ca. 15 Käsesorten, die sie im Angebot hat, liegt zwischen drei Wochen und einem Jahr. Massenware Fehlanzeige. Wer Catherine André besuchen will, muss sich auf einen weiten Weg machen oder nachfragen, auf welchem Markt sie mit ihren Schätzen zu finden ist. Bachenbrucher Straße 14, 21772 Stinstedt, Tel. 04756 8125.

ZIEGENKÄSE VOM HOF BACHENBRUCH, BUNTE BETE, BERBERITZEN-VINAIGRETTE

ZUTATEN FÜR 6 PERSONEN: 6 x 80 g Ziegenkäse Hof Bachenbruch. **BUNTE BETE:** 600 g Gelbe Bete, 1 mittelgroße Ringelbete, 300 g Rote Bete, 2 Schalotten, 50 ml Aceto Balsamico Tradizionale. **BERBERITZEN-VINAIGRETTE:** 50 g getrocknete Berberitze, ½ rote Zwiebel, 60 ml bestes Olivenöl, 40 ml weißen Balsamico, 1 EL Dill, klein geschnitten. **GARNITUR:** 2 Zweige Dill

„Wir kochen saisonal und alles frisch, weshalb unsere Karte alle 4-6 Wochen wechselt. Die Klassiker sind Ochsenbacken, Tatar und Schnitzel, aber ich experimentiere gerne mit verschiedenen Küchentechniken, liebe eine ehrliche, produktorientierte Küche ohne viel Chichi. Der Ziegenkäse vom Hof Bachenbruch wird uns zweimal die Woche von Catherine André persönlich geliefert. Nicht nur für mich der beste Ziegenkäse Norddeutschlands."

ZUBEREITUNG

GELBE BETE: Die Rüben bei 160 °C im Ofen eine Stunde backen. Abkühlen lassen, schälen und in Segmente zerlegen.

ROTE-BETE-CRÈME: Rote Bete mit Salz und Zucker weich kochen, schälen und in Würfel schneiden. Schalotten schälen, würfeln und in Olivenöl anschwitzen. Rote Bete Würfel hinzufügen und mit Balsamico ablöschen. Im Mixer zu einer feinen Crème pürieren.

MARINIERTE RINGELBETE: Ringelbete schälen und in dünne Schei- ben hobeln. Mit Salz, Pfeffer und Zucker eine Stunde marinieren lassen.

BERBERITZEN-VINAIGRETTE: Berberitzen in Wasser aufkochen und auskühlen lassen. Zwiebel fein würfeln, mit Berberitzen und fein geschnittenem Dill mischen. Olivenöl und Balsamico hinzufügen und mit Salz, Pfeffer und Zucker abschmecken.

ANRICHTEN: Rote-Bete-Crème als Basis auf die Teller streichen. Ziegenkäse in Stücke zerteilen, marinierte Ringelbete aufrollen. Alle Komponenten auf der Crème drapieren. Die Berberitzen-Vinaigrette über den Ziegenkäse geben. Mit Dill garnieren.

FOODHUNTER-VARIANTE: Ziegenkäse liebt als Begleitung auch schwarze Nüsse. Beispielsweise vom Biohof Ottilie, Altes Land.

Weinempfehlung:
Victoria Ordóñez, La Ola del Melillero, 2017
Rebsorte: Pedro Ximénez & Muskateller

COUSCOUS
MIT AUBERGINE, SHIITAKE & CASHEW-JOGHURT

„Kontinuität und Erneuerung beschreibt den Weg, den das NIL nun seit bald 30 Jahren verfolgt. Zusammen mit unseren Küchenchefs Malte Schoel und Matthias Schulz suchen wir immer wieder Produkte aus der Region, die wir neu interpretieren. Man muss etwas wagen, sonst wird es langweilig und die Qualität muss stimmen. Unsere Maxime lautet: ausgezeichnet kochen, gute Gastgeber sein.“

ZUTATEN FÜR 4 PERSONEN

150 g Cashewkerne
1 Zitrone, die Schale abgerieben, Saft ausgepresst
ca. ½ TL Milchsäurebakterien (aus dem Reformhaus)
300 g Shiitake-Pilze ohne Stiele
8 Auberginenscheiben, 3 cm dick
150 g Couscous
60 g Aprikosen, getrocknet
30 ml Olivenöl
20 Stück Korianderblätter, fein geschnitten
Raz el Hanout

ZUBEREITUNG

CASHEW-JOGHURT: Am Vortag Cashewkerne zwei Stunden in Wasser einweichen. Wasser abgießen und die Nüsse mit 300-400 ml frischem Wasser fein pürieren. Milchsäurebakterien nach Packungsanleitung zugeben und acht Stunden bei Zimmertemperatur reifen lassen. Den Cashew-Joghurt mit Salz und Zitronensaft abschmecken.

AUBERGINEN & PILZE: Auberginenscheiben und Shiitake in heißem Öl von beiden Seiten scharf anbraten, salzen und pfeffern.

COUSCOUS: 600 ml Salzwasser aufkochen. Couscous, Aprikosen, Olivenöl, Koriander, Raz el Hanout und Zitronenabrieb zugeben. Gelegentlich umrühren und 3-4 min ziehen lassen.

ANRICHTEN: Auf dem Joghurtspiegel Couscous zusammen mit den fertig gebratenen Gemüsen im Ring anrichten. Mit den Shiitake, Cashewkernen und einem Minzblatt garnieren.

Erstmals gegessen haben wir den panierten Parasol im Friaul. Dazu ein knackiger Salat und ein fruchtiger Sauvignon aus der Weinbauregion Collio und der Genießer ist im Glück.

Alle Pilze zu kennen ist angesichts der weit mehr als 6.000 Arten in Deutschland ein schweres Unterfangen, weshalb sich Sammler in aller Regel auf vier, fünf Sorten beschränken. Oftmals verraten Giftpilze zwar ihre Gefährlichkeit durch grelle Warnfarben oder absurde Formen, aber auch darauf ist nicht immer Verlass, denn es gibt wunderbare Speisepilze mit außergewöhnlichem Aussehen, etwa den Riesenschirmling, auch Parasol genannt.

Mit seinem braun gesprenkelten Hut schreckt er eher ab, obwohl er ein exzellenter Speisepilz ist. Der Parasol wächst gerne unter Tannenbäumen, nähe Ameisen-Kolonien und mitten in den Wiesen. Als Baby ist der Hut des Parasols an seinem Stiel angewachsen, breitet sich dann nach oben aus und hinterlässt einen Ring um den Stiel, der sich – sofern der Pilz gut ist – leicht nach oben oder unten verschieben lässt. Wie bei einem Regenschirm, daher auch der Name. Falls sich der Ring nicht verschieben lässt, dann Finger weg, denn die Verwechslung mit dem sehr ähnlichen, giftigen Pantherpilz und dem spitzschuppigen Schirmling ist möglich.

FOODHUNTERS RAFFINIERTE KÜCHE
PARASOL-SCHNITZEL

ZUTATEN FÜR 4 PERSONEN: 4 schöne große Parasolpilze, 2 Eier, 1 Schuss Milch, 70 g Mehl, 70 g Semmelbrösel, 4 EL Öl, 1 Prise Salz, Pfeffer aus der Mühle

ZUBEREITUNG: Die Parasolpilze gut putzen (mit Pinsel) und den Stiel abschneiden. Die Hüte mit Salz und Pfeffer würzen.

Für die Panade je einen Teller mit Mehl vorbereiten, einen mit Semmelbrösel und einen mit den verquirlten und leicht gesalzenen Eiern (einen Schuss Milch unterrühren).

Die Pilze zunächst im Mehl wenden, anschließend in die Eimasse tauchen und abschließend in den Bröseln wälzen. Die panierten Parasol in heißem Fett von beiden Seiten goldbraun backen lassen.

Weinempfehlung aus dem Bistro Carmagnole: 2016 Moelleux, Le Haut-Lieu. Ein Chenin Blanc von der Domaine Huet (Appellation Vouvray Contrôlée)

ARTISCHOCKE

Im Bistro Carmagnole gehört die Camus de Bretagne (Stupsnase) zu den Klassikern – und wird klassisch zubereitet.

ARTISCHOCKEN: Von den Artischocken mit der Handfläche die Stiele abbrechen. Das obere Drittel der Artischockenspitze flach abschneiden. Danach die Schnittränder sofort und großzügig mit einer Zitronenhälfte einreiben, da sie sich sonst verfärben. Zitronen auspressen. Artischocken mit dem Zitronensaft in leicht gesalzenem Wasser in 35-40 Minuten gar kochen. Die Artischocken sind gar, wenn sich die Blätter leicht von der Frucht lösen lassen.

ZITRONEN-SENF-VINAIGRETTE FÜR 4 ARTISCHOCKEN: Saft von 2 Zitronen, 150 ml Olivenöl, 1EL mittelscharfer Senf, Salz, Pfeffer. Je nach Geschmack: Piment d'Espelette.

ZUBEREITUNG: Senf und Zitronensaft in einen Mixbecher geben. Das Olivenöl langsam und in dünnem Strahl dazugießen und mit einem Schneebesen (wird sonst bitter) unterarbeiten. Mit Salz, Pfeffer und Piment d'Espelette abschmecken.

EIN DELIZIÖSES DUO

Anfang Mai ist es meist Zeit, um Schneewittchen zu stechen. Mit gekonntem Schwung wird sie durchgetrennt. Dann liegt der grüne Spargel, geköpft in seiner ganzen Schlankheit im Korb. Immer wieder freut sich Volker Andresen, wenn er ernten kann. Auf dem Demeter-Biohof Wulfsdorf, östlich von Hamburg, wachsen besondere Stangen. Es grünt nicht nur der grüne Spargel, auch die Köpfe der sonst schneeweiß Gerühmten grünen ein wenig, manche glänzen sogar leicht lila. Ein farbenfrohes Spiel, das Geschmack bringt. Eine fast vergessene leichte Bitterkeit, die keine Bitternis hinterlässt, sondern zeigt, dass die Königin der Gemüse einen eigenen Charakter hat.

Die grüne Sorte „Schneewittchen", die violette „Burgundine", die weißen „Huchels Alpha" und „Schwetzinger Meisterschuß" sind eine bunte Vielfalt an Genuss von den Wulfsdorfer Feldern. Diese alten Züchtungen ließen zwar weniger Stangen sprießen, sagt Andresen, dafür sei ihr Aroma intensiver, leicht süßlich, ein wenig nussig. Der Spargelspezialist kann nicht verstehen, warum die schneeweißen Spitzen so viel besser sein sollen. „Die dunkleren Köpfe schmecken eindeutig kräftiger und würziger."

Es gibt nur wenige Äcker, auf denen historische Spargelsorten wachsen. Huchels Alpha, die der Märker August Huchel in der ersten Hälfte des 20. Jahrhunderts züchtete. Es ist kein Ackerlatein, fast jede Stange schmeckt ein bisschen anders. So wie beim Schwetzinger Meisterschuß. Schon der Name lässt Gutes ahnen. Meisterköche sprechen von mehr Volumen auf der Zunge und am Gaumen.

Alte Sorten, bunte Köpfe, süß-bitter-würziger Geschmack. Ein ausgiebiges Spargelessen kann eine unglaubliche Überraschung sein. Die Stangen vom Demeter-Hof reizen Spitzenköche und locken Gourmets.

In Wulfsdorf trifft der besondere Spargel auf einen besonderen Schinken. Den liefert Andreas Dreymann, genialer Demeter-Metzger, der seine Schlachterei ebenfalls in Wulfsdorf hat.

Der tiefdunkle Katenschinken, über Buchenholzspänen geräuchert, ist ein superber Partner zum Spargel. Ein schamhaft angelaufenes Schneeweißchen trifft auf eine auf ein entflammtes Rosenrot. Ein geniales Duo. Dreymann ist einer, der jeden Morgen aufsteht und neue Ideen im Kopf hat. Dreymann ist Kunsthandwerker.

Seine Thüringer Bratwürste würde selbst ein Thüringer verehren, sein Bresaola vom Wagyu ein Hammer. „Ich erkläre den Kunden mein Fleisch, wie ein Weinsommelier den Rotwein." Nicht nur im Hofladen sondern auch auf vielen Wochenmärkten in Hamburg.

Jetzt hat er alte Kühe entdeckt. Bei einem Hoffest auf Gut Wulfsdorf kündigt der Geruch Großartiges an. Dicke Roastbeefscheiben liegen auf dem Rost. Von einer Kuh, die mehr als zehn Jahre ein grasgrünes Leben auf der Weide führen durfte und deren Fleisch jetzt vier Wochen trocken gereift war. „Ich hatte bis dahin noch nie solches Fleisch probiert", sagt Metzger Andreas Dreymann. „Das Fett sah aus wie Bernstein. Und dann dieses kolossale Aroma. Es roch anders, es schmeckte fantastisch. Das beste Steak, das ich bislang gegessen habe", schwärmt Dreymann.

Der Demeter-Fleischer bietet im Hofladen auf Gut Wulfsdorf jetzt die besten Stücke aus der eigenen Reifekammer an. Das Fett glänzt goldgelb, weil das Tier alt ist und viel gegrast hat und das Fett dunkler wird. Ein Côte de Boeuf einer zehn Jahre alten Kuh zerrinnt auf der Zunge.

Auf den Märkten erklärt der Metzger, er schneide auf Wunsch gerne für den Kunden den Fettrand ab, empfiehlt es aber nicht. Was in jedem Fall richtig ist.

Eine alte Milchkuh löst erst einmal keine große Euphorie aus. Dreymann merkt, dass viele seiner Kunden aber interessiert an Neuem sind. Der Norddeutsche weckt mit Emotion Leidenschaften, wenn er die Geschichten der Kuh-Omas erzählt. Alte Kühe sind nicht selten, rar aber sind die richtig Guten. Die alten Weiderinder müssen ihr ganzes Leben bis zum Winter Gras, Grünes und Blüten im Freien fressen. Über die Jahre lagert sich das Aroma der Kräuterkost im intramuskulären Fett ab. Je länger je intensiver je bombastischer der Geschmack. Nur verausgaben mit dem Milchgeben darf sich das liebe Vieh nicht.

Ideal wären Muttertiere von Fleischrassen, die Bauern für die Kälberzucht halten. „Die Genetik der Rasse spielt eine wichtige Rolle", sagt Andreas Dreymann. Er setzt auf Angusrinder, die ursprünglich aus Schottland stammen. „Die haben toll marmoriertes Fleisch. Wir suchen uns dann die Perlen aus." Seine stammen von den Weiden rund um Witten in Nordrhein-Westfalen und des Bioparks in Mecklenburg-Vorpommern.

Manche der Rinder und Schweine, deren Fleischstücke oder Wurst in Dreymanns Theke liegen, wurden auf dem Wulfsdorfer Demeter-Gut gleich nebenan gezüchtet. Seit 25 Jahren wird dort biologisch-dynamisch gewirtschaftet, auf 360 Hektar. Menschen, Tiere und Pflanzen im Einklang bringen Prächtiges hervor. Wie Dreymann stehen die Wagen aus Wulfsdorf auf vielen Wochenmärkten der Hansestadt. Mit Gemüse, das sonst selten zu finden ist. Rote Bete kennt jeder, aber gelbe, weiße oder geringelte, die sogar roh zu essen sind? Jede Farbe bringt anderen Geschmack, genau wie bei den gelben, weißen, orangenen, roten oder lila Möhren. Was für ein Juhu schon beim Einkaufen. Eine Attraktion ist auch der wilde Kohlstrauß, der aus roten, grünen und braunen Grünkohlsorten besteht.

Für Hamburger Köche sind die Wulfsdorfer Bauern und Gärtner mit ihrem Sinn für alte Sorten gute Freunde, die mit den Schätzen aus der Erde den Küchenmeistern helfen Sinnlichkeit auf die Teller zu bringen.

OFENGEMÜSE
MIT PETERSILIENQUARK

ZUTATEN FÜR 4 PORTIONEN

200 g Rote Bete

200 g Gelbe Bete

250 g Mini-Steckrübe

250 g Pastinake

250 g Petersilienwurzel mit Grün

200 g Karotten

3 Topinamburwurzeln

2 Knoblauchzehen, fein gehackt

1 Schalotte, fein gehackt

MARINADE

5 EL Olivenöl

½ TL Currygewürz

½ rote Chilischote ohne Kerne, klein gehackt

1 gestr. TL Salz

PETERSILIENQUARK

500 g Sahnequark (20 % Fett i. Tr.)

1 Bund frische Petersilie, fein geschnitten

Salz, Pfeffer

1 Spritzer Zitronensaft

½ TL Honig oder Ahornsirup

1 TL Senf

ZUBEREITUNG

Bunte Bete, Rüben, Pastinake, Petersilienwurzel, Karotten in nicht zu schmale Stifte schneiden. Schalotte und Knoblauch fein würfeln. Tobinamburwurzel in Scheiben schneiden.

Die Bete mit 1 EL Olivenöl und etwas Salz vermengen und in einer Auflaufform im vorgeheizten Backofen bei 175 °C rund 20 min rösten, ab und zu mit einem Holzlöffel umrühren.

Danach das andere Gemüse und den Knoblauch zugeben.

Aus dem restlichen Öl und Gewürzen eine Marinade rühren und mit dem gesamten Gemüse in der Auflaufform vermengen. Im Ofen weitere 30-40 min rösten, dabei immer wieder umrühren, sodass das Gemüse an der Oberfläche nicht zu dunkle Stellen bekommt. Das Gemüse nach dem Rösten mit Salz und Pfeffer abschmecken.

Für den Kräuterquark alle Zutaten gut verrühren. Gemüse und Quark schmecken pur oder als Beilage zu Fleisch.

Als Kernsatz des Trüffelns gilt: „Die zu trüffelnde Speise darf unter den Trüffeln nicht mehr zu sehen sein."

Ralf Bos muss es wissen, er handelt mit Trüffeln. Wie auch mit allen anderen spitzenmäßigen Lebensmitteln aus der ganzen Welt. Doch was nützt die beste Ware, wenn am Ende fahrlässig mit ihr umgegangen wird? Beispiel Trüffeln. So teuer, dass ihre hauchdünnen Scheiben oft nur in homöopathischer Dosis auf die Teller kommen. Oder weiße Trüffeln, die zu heiß und schwarze Trüffeln, die zu kalt keine Freude machen.

„Der besondere Wert der Trüffel liegt für mich als bekennendem Trüffelliebhaber an anderer Stelle als geglaubt", sagt Deutschlands bekanntester Feinkosthändler für Profis, Ralf Bos. „Es sind weder Geschmack, Geruch, Seltenheit oder gar der Preis, der diese Delikatesse im Vergleich auszeichnet, sondern die durchgängige Freude, die sie beschert. Im Gegensatz zu Kaviar, der den Tod des Störs fordert, der Auster, die lebend gustiert wird oder des Hummers, der lebend im kochenden Sud endet, von der Gänsestopfleber gar nicht zu reden, gibt es hier keinen Leidtragenden."

In der Tat bereitet die Trüffel allen, die mit ihr zu tun haben, Glücksgefühle. Der Hund, der sie findet, wird belohnt. Der Trüffelsucher bekommt einen Batzen Geld, der Händler ein begehrtes Gut. Der Koch kreiert ein fantastisches Essen und der Gast darf es genießen.

Die Liebe zur Trüffel ist allen hervorragenden Köchen gleich – die Trüffel selbst ist es jedoch nicht.

Es gibt rund 300 bekannte Sorten, von denen etwa 10 gehandelt werden. Kulinarisch wertvoll nur zwei Sorten: Die weiße Trüffel, Tuber Magnatum pico, auch Albatrüffel oder Piemontrüffel genannt. Und die schwarze Trüffel, Tuber Melanosporum vitt, ebenfalls unter dem Namen Winteredeltrüffel oder Périgordtrüffel gehandelt.

Es sind diese beiden Sorten, die aus Trüffelessern Trüffel-Enthusiasten machen. Wer nie gekostet hat, was aus Piemont oder dem Périgord stammt, Trüffeln nicht in einem renommierten Lokal, sondern beim günstigen Italiener um die Ecke verspeist hat, wo die Küche in der Regel Sommertrüffeln oder Asiatrüffeln verwendet, wird kaum dem Zauber des edlen Pilzes erliegen.

Sommertrüffeln oder die Billigvarianten aus China sehen zwar aus wie Trüffeln, haben aber was Geruch und Geschmack angeht mit den wahren Delikatessen weniger gemein. Nur vereinzelt können Sommertrüffel überraschen.

Die ersten weißen Trüffeln werden bereits Ende August gefunden, ihre absolute Hochzeit haben sie Mitte Oktober bis Ende Dezember. Nur in dieser Zeit und wenn sie aus der richtigen Gegend stammen und frisch sind, werden sie Feinschmecker in ihren Bann ziehen. Die ersten schwarzen Trüffeln finden sich Anfang Dezember, haben den Höhepunkt ihrer Reife jedoch erst Ende Januar bis Ende März.

Edle Trüffeln haben noch eine weitere Anforderung an Restaurant oder Gastgeber – die Portionsgröße.

Der Kardinalfehler ist die Sparsamkeit. Risotto mit weißen Trüffeln, auf dem die Trüffelscheiben in homöopathischer Dosis angeordnet sind, ist verschenkte Zeit. Als Kernsatz des Trüffelns gilt: „Die zu trüffelnde Speise darf unter den Trüffeln nicht mehr zu sehen sein." Nur wer das befolgt und die richtigen Trüffeln verwendet, wird jenen Geschmack finden, der mit keinem anderen vergleichbar ist. Hauchdünn sollten sie gehobelt werden und tagesfrisch sollten sie sein, dann braucht es nur noch ein gutes Öl, eine gute Butter oder etwas frische Sahne an die zu trüffelnde Speise und der Weg für den ultimativen Genuss ist frei.

Abseits der bekannten Trüffelmärkte in Alba hat Foodhunter Geheimtipps von Sabine Ehrmann, Weingut Tenuta La Tenaglia: die Märkte in Murisengo, Moncalvo und Cella Monte sowie den Trüffelmarkt in Castelnuovo Don Bosco. Authentischer und ohne Touristen. Lohnt sich auch für den Besuch der „normalen" Wochenmärkte.

Die weiße Trüffel bietet 80 % Geruch und 20 % Geschmack. Bei der schwarzen Trüffel ist es genau umgekehrt.

Der Geruch frischer weißer Trüffeln ist raumgreifend. Ähnlichkeiten zu Aromen von Knoblauch und Moschus werden angeführt, doch das wird dem Duft in keiner Weise gerecht. Eine weiße Trüffel riecht nach weißer Trüffel, das in voller Konsequenz. Schwarze Trüffeln verströmen einen eher lieblichen Duft, ein wenig süß, ein bisschen erdig, Lichtjahre von der machohaften Präsenz ihrer weißen Verwandten entfernt.

Verspricht das Aroma einer weißen Trüffel viel Geschmack, so ist dieser eher hintergründig. Anders bei der schwarzen Trüffel. Zurückhaltend im Geruch, offeriert sie ein Füllhorn an Geschmack, den sie verschwenderisch verteilt. In Prozent ausgedrückt: 80 % Geruch und 20 % Geschmack für die weiße Trüffel. Genau umgekehrt bei der schwarzen Trüffel. Während der Duft die

Hitze meidet, wird der Geschmack bei Hitze verstärkt. Die schwarze Trüffel liebt es, mit der Sauce zu köcheln oder unter der Haut von Geflügel gebacken zu werden. Die weiße Trüffel darf nicht zu lange und nicht zu stark erhitzt werden, ihr volles Aroma entwickelt sie bei 50-60 °C und das nur für kurze Zeit.

Für beide Arten gilt: nicht zu sparsam sein. Für eine Vorspeise mit weißen Trüffeln sind 4-5 g pro Person ausreichend, bei einem Hauptgang dürfen es 15 g oder mehr sein. Bei schwarzen Trüffeln rechnet man doppelt so viel, dafür kostet sie auch deutlich weniger. Rein rechnerisch bietet die schwarze Trüffel mehr fürs Geld. – Wäre da nicht der Glamourfaktor, denn die weiße Trüffel ist mit das teuerste Lebensmittel der Welt und kaum ein Gastgeber, der sie nicht mit stolzgeschwellter Brust serviert. Da bewahrheitet sich mehr denn je ein berühmtes Zitat: Wahrer Reichtum besteht nicht im Besitz, sondern im Genießen!

RAFFINIERTES AUS DER FOODHUNTER-KÜCHE

POCHIERTES BIO-EI, BABYSPINAT, TRÜFFEL

ZUTATEN FÜR 4 PORTIONEN

8 Handvoll Babyspinat, Muskat, Salz, Pfeffer, 4 Bio-Eier, 120-160 g Schwarze Trüffeln (oder weiße Trüffeln für den großen Luxus)

ZUBEREITUNG

SPINAT: Blätter portionsweise ins kochende Wasser geben, nach ca. 20-30 Sekunden mit einer Schöpfkelle herausnehmen, kurz in Eiswasser tauchen, damit die Farbe erhalten bleibt. Abtropfen lassen.

POCHIERTE EIER: In einem großen Topf 1-2 Liter Wasser zum Sieden bringen. Frischhaltefolie zuschneiden und in jede Folie vorsichtig das Ei aufschlagen. Folie oben fest zuknoten und die Eier für 5-8 min je nach Größe, ins kochende Wasser geben. Tipp: Wer einen Smoker hat, legt die fertigen pochierter Eier noch einige Minuten in den Rauch.

ANRICHTEN: Blattspinat mit Salz, Pfeffer, etwas Muskat und einigen geriebenen Trüffelscheiben in einer Pfanne mit Butter erwärmen. Den Spinat auf 4 kleine (vorgewärmte) Kasserollen verteilen. Das pochierte Ei platzieren und am Tisch betrüffeln.

GRÜNKOHL

Conrad Bölicke ist ein Aufklärer, will zeigen, was man verliert, wenn man sich nicht kümmert. Deswegen wachsen auf einem Feld in Wilstedt „Nero di Toscana", „Rote Palme Holterfehn" oder „Niedriger von Rosenweide". Etwa ein Dutzend Grünkohlsorten zieht der Norddeutsche auf seinem Schaubeet. Vor allem Köche holen sich ab und zu ein paar Blätter, wenn sie wie der Hamburger Thomas Sampl den Gästen Erstaunliches präsentieren und aufklären wollen.

Aufklären darüber wie gesund und vielfältig Grünkohl ist, dass er keineswegs nur grün ist und es ihn mit krausen oder glatten, harten oder weichen Blättern gibt, mit hohem oder mit niedrigem Stamm.

Der Grünkohl hat seine beste Reifezeit, wenn Nieselregen und Nachtfrost das Wetter bestimmen. Geerntet wird er meist von Ende Oktober bis Februar. Obwohl Wintergemüse in der Regel leicht bitter sind, ist der Grünkohl eher mild und süß, denn bei Kälte und Licht steigt bei ihm der Zuckergehalt in den Blättern.

Im südlichen Ostfriesland wohnt ein anderer Retter norddeutscher Kulturgeschichte: Reinhard Lühring. Ständig fährt er mit seinem Motorrad durch Ostfriesland und guckt über den Gartenzaun nach Grünkohlbüschen. »Jeder Hof hatte seine eigene Familiensorte.« Meist darf er dann eine Staude mitnehmen. Nach den Fundorten nennt er sie Eilsumer Palme, Wybelsumer Palme oder Logabirumer Palme. »Jede dieser Landsorten ist eine eigene Persönlichkeit. Robust sind sie alle, weil sie sich über Jahre optimal an den Standort angepasst haben.«

Lühring züchtet mittlerweile 50 Grünkohlsorten und schätzt, dass es zwischen Ems und Elbe gut 200 Sorten gibt, die er noch nicht entdeckt hat. So wie die legendäre Ostfriesische Palme, die bis zu 1.80 Meter hoch wird. Die Blätter werden von unten nach oben abgezupft, ein Wedel bleibt übrig. Der Strunk steht über den Winter auf dem Feld. Im Frühjahr wachsen an den Blattnarben zarte Knospen, die wie kleine Röschen aussehen. Kurz gekocht sind sie eine echte Delikatesse.

GRÜNKOHL-QUICHE

ZUTATEN FÜR EINE SPRINGFORM 24 CM: 250 g Mehl, 125 g weiche Butter, 3 EL kaltes Wasser, ½ TL Salz. **BELAG:** 400 g Grünkohl, 3 Schalotten, schwarzer Pfeffer aus der Mühle, 230 g geriebener Cheddar, 180 g gehackte Walnüsse, 1 Knoblauchzehe 4 Eier, 2 Thymianzweige, 300 ml süße Sahne, 150 ml Milch

ZUBEREITUNG: Aus Mehl, Butter, Wasser, Salz einen Mürbeteig bereiten und in die gefettete Springform legen. Im vorgeheizten Backofen bei 200 °C für 10 min backen.

Grünkohl putzen und kochen. Die Zwiebel hacken und unter den Grünkohl heben. Mit Salz und Pfeffer würzen. Nun den geriebenen Cheddarkäse und die gehackten Walnüsse unter den Kohl heben und auf den vorgebackenen Quicheteig geben.

Knoblauch klein schneiden und mit Eiern, dem abgestreiften Thymian, Sahne und Milch verrühren. Die Masse über den Grünkohl gießen. Die Quiche in den Ofen schieben und etwa 30 min goldgelb backen.

GRÜNKOHL CHIPS

ZUTATEN FÜR 4 PERSONEN: 500 g frischer Grünkohl (ganze Blätter), 3 EL Olivenöl, ½ TL Ceyennepfeffer, ¼ TL Kreuzkümmel. Paprikapulver, Meersalz, Chiliflocken (nach Geschmack)

ZUBEREITUNG

Backofen auf 130 °C vorheizen. Backblech mit Backpapier auslegen. Grünkohlblätter von den mittleren Blattrippen abzupfen, waschen und trocken tupfen. Tipp: Die kräuseligen Blätter in der Mitte für etwas anderes verwenden, sie eignen sich nicht für Chips.

Öl und Gewürze zu einer Marinade rühren und die Blätter darin wenden. Sie sollten dünn benetzt sein. Die Blätter einzeln (nicht zu eng aneinander!) auf dem Backblech verteilen. Im Ofen (mittlere Schiene) ca. 40 min trocknen, bis die Blätter kross sind. Während der Backzeit die Ofentür alle 5-10 min kurz öffnen, damit Feuchtigkeit entweichen kann und die Blätter rundum knusprig werden.

Bernhard Voß in seinem
Heimatgarten in Jork
Moorende. Citrusfrüchte
züchtet er und Delika-
tessen wie die Schwarze
Aprikose.
Sönke Seebohm (u. re.)
bleibt dem Apfel treu,
dem Wellant.

ALTES LAND
AM ELBSTROM

Rauchforellen, Apfel-Ketchup, schwarze Aprikosen, New Jork Kräuter, Craft Cider und eine 300 Jahre alte Traditionsschlachterei. Eine Region positioniert sich kulinarisch neu, unabhängig interner Landesgrenzen, die der Gast ohnehin nicht wahrnimmt. Die Vielfalt und Qualität ausgesuchter Produkte und Gastronomiebetriebe steht im Vordergrund.

Als Kind schon pflanzte Bernhard Voß Avocados im Garten seiner Eltern und hat sich von seinem Berufswunsch auch nicht abbringen lassen, als ihm seine ersten Pflänzchen eingingen. Obstgehölze kultivieren, das wollte er schon immer und sein Ziel hat er erreicht. In seiner Agrumi Voß Citrusgärtnerei nahe Jork gedeihen Fingerlimes, Morton Citrange, Asimina Triloba – die nach Mango und Banane schmeckenden Indianerbananen – Jostabeeren, Pomeranzen, Kumquat, Bitterzitronen und Schwarze Aprikosen, eine Kreuzung aus Aprikose und Pflaume, süß-säuerlich und saftig. Wir dürfen kosten, finden sie geradezu grandios im Geschmack, doch ein Kistchen kaufen können wir nicht.

„Ich verkaufe ausschließlich Gehölz und junge Triebe, nicht die Früchte." Was schade ist, denn mit seinen Früchten könnte er Spitzenköche und Feinschmecker sehr glücklich machen. „Ich kann aber helfen, einen entsprechenden Obst- und Kräutergarten anzulegen", tröstet er. Wir lassen die Zeit reif werden, vielleicht lässt sich Bernhard Voß von hartnäckigen Nachfragen irgendwann doch noch beknien.

Der Biohof von Kerstin Hintz ist ebenfalls eine Schatzkiste für Vergessenes wie Ulmer Ochsenhörner, Würzburger Riesen Radies, Horneburger Pfannkuchen, Eisenkraut oder Topaz. 2003 kaufte die Quereinsteigerin das Anwesen in Mittelnkirchen, weil sie mit ihrer Familie ökologisch leben wollte. „Die Erfüllung meines Traumes", sagt sie. Nach und nach wächst mehr daraus: ein Bioland zertifizierter Betrieb, Hofcafé mit Hofladen und eine kleine Manufaktur. 15 Sitzplätze im Garten waren es zu Beginn, inzwischen finden 80 Gäste Platz, für die Kerstin an Spitzentagen 25 Kuchen backt., darunter auch vegane und glutenfreie Kuchen. Sich den Früchten des Hofgartens zu widmen, bedeutet für sie auch, neue Produkte zu kreieren. Mit Ottilies Altländer Apfel-Ketchup sorgt sie für Furore und wird zur Kulinarischen Botschafterin Niedersachsens.

Von der Ernte ist auch Apfelbauer Sönke Seebohm abhängig. „Wir haben unzählige Apfel- und Hefesorten für unseren Craft Cider getestet. Insgesamt rund 36 verschiedene Kombinationen." Nur eine Sorte konnte bestehen, der Wellant. Er darf bis zur Erntereife am Baum bleiben und kommt auf dem Höhepunkt seines Geschmacks sieben Monaten auf die Hefe. Zwutsch Apfel Cider ist ein Naturprodukt. Da entscheidet die Natur, ob es was wird. „2016 war ein gutes Jahr, 2017 nicht gut genug, deshalb gibt es keinen Cider dieses Jahrgangs, aber 2018 beschert uns wieder einen fantastischen Jahrgangs-Cider."

Vom Brauer zum Brenner: Immer wieder sind wir auf Olland gestoßen oder auf New Jork. Dahinter steckt die Nordik Brennerei, die sich allerdings nicht nur auf dem Etikett, sondern auch inhaltlich innovativ gibt. Beispielsweise mit Edelbränden aus Brot, klingt im ersten Moment wenig spektakulär, ist aber etwas Besonderes. – Vor allem, da das Destillat mehrere Monate in einem Whiskyfass reift, was dem Brotbrand am Ende einzigartige Aromen von Vanille- und Schokonoten entlockt.

SCHWARZE NÜSSE

Schwarze Nüsse sind eine Spezialität aus Südbaden und der Pfalz, vor Jahrhunderten bereits in den Küchen des Adels geschätzt und „Pfälzer Trüffel" genannt, denn Walnussbäume sind oft unwegsam gelegen und es braucht Ausdauer, sie zu finden. Auf dem Biohof Ottilie muss keiner lange suchen, denn der mächtige Walnussbaum ist der Mittelpunkt des Gartens. Kerstin Hintz verwandelt grünen Nüsse in die schwarze Delikatesse.

Im Frühsommer, wenn der Baum unreife Nüsse trägt, mit grüner Hülle und ohne die harte Schale, ist die richtige Zeit für die „Grünernte".

Erntezeit ist von Ende Mai bis Ende Juni. Um die Nüsse in eine Spezialität zu verwandeln, müssen sie zunächst mit Spießen perforiert und danach 10 Tage in täglich frisches, kaltes Wasser gelegt werden. Nach dieser Prozedur werden sie in Salzwasser gekocht, was ihnen bereits eine dunkle Färbung verleiht, und schließlich mit Läuterzucker übergossen. Für 500 g Nüsse braucht es 500 g Zucker und ½ Liter Wasser. Je nach Geschmack Zimt, Muskat, Gewürznelken, Limettenschale oder Vanille dazugeben. Bei schwacher Hitze kochen, bis sich der Zucker aufgelöst hat, die Flüssigkeit klar ist und Fäden zieht. Nüsse zugeben und 30 Minuten kochen. Herausnehmen und auf Gläser verteilen.

Den Sud nochmals einkochen und über die Nüsse geben – sie müssen gut bedeckt sein. Auskühlen lassen und die verschlossenen Gläser an einem dunklen, kühlen Ort mindestens 2-6 Monate lagern.

Ein fantastischer Geschmack

Der Geschmack ist süß-säuerlich, leicht holzig und nussig. In feine Scheiben geschnitten sind sie eine aromatische wie ungewöhnliche Beilage zu Gans, Wild, gekochtem Rindfleisch, Carpaccio, Pasteten, Räucherforelle und natürlich Käse.

KLASSIKER AUS DEM ALTEN LAND

DE OLLANNER HOCHTIEDSSUP

ZUTATEN FÜR 4 PORTIONEN: FLEISCH: 2,5 kg mageres Suppenfleisch vom Rind, 3-4 l Wasser, 35 g Salz, 1 Stange Petersilienwurzel, 1 Stange Lauch, 100 g Sellerie. MEHLSCHWITZE: 125 g Butter, 125 g Mehl, 1 g geriebene Muskatnuss, 2 g gemahlene Muskatblüte, 1 g frisch geriebener Ingwer, 2 Eigelb. BEILAGE: 20 g Rosinen, 4 Scheiben Weißbrot.

GEMÜSE: Gemüse waschen und klein schneiden.

FLEISCH: Das Fleisch in kaltem Wasser aufsetzen und 2 Stunden kochen lassen. In der letzten halben Stunde Salz und Gemüse zugeben und mitkochen lassen.

Das fertig gegarte Fleisch aus der Suppe nehmen und in löffelgroße Stücke schneiden. Die Suppe durchsieben. Das Gemüse zur Seite legen.

In einem Topf aus Mehl und Butter eine helle Schwitze bereiten, mit der durchgesiebten Brühe ablöschen und durchkochen. Mit Muskat, Muskatblüte und Ingwer abschmecken.

MEHLSCHWITZE: Das Eigelb in die nicht mehr kochende Suppe rühren, sämig schlagen. Gemüse und Fleisch dazugeben.

BEILAGE: Rosinen erwärmen und mit dem Weißbrot zur Suppe servieren.

Vorreiter für guten Geschmack: Kerstin Hintz vom Biohof Ottilie und Jens Rittmeyer vom Gourmetrestaurant N°4.

Gala auf dem Land

Von der Ernte bis zum Essen sind es wenige Meter. Die Gäste am Gartentisch schauen direkt auf die Beete, wo vor kurzem noch die Blätter der Kapuzinerkresse wuchsen, die jetzt als dunkelgrünes Sorbet einen knallbunten Salat krönen. Dazu geringelte Bete, fast weißer Kohlrabi, rot-grüner Blattsalat, alles eben noch auf dem Feld.

Besser geht „farm to table" nicht. Aus dem Boden des Biohofes Ottilie aufgetischt von Jens Rittmeyer. Moderne Küche im Alten Land. Vom Gewölbekeller seines Restaurants in Buxtehude zog Rittmeyer ein paar Kilometer weiter an die Elbe und genießt den norddeutschen Sommer und seine Küche im Grünen, die Genuss mitten in der Natur bietet. Klar, Champagner ist zum Hallo-Sagen immer fein. Frischer und überraschender ist ein

Eisenkrautdrink, eine herb-minzige Überraschung und Entdeckung zugleich.

Der Garten von Bioland-Bäuerin Kerstin Hintz ist ohnehin eine Fundgrube für Ungewöhnliches. Rote Bohnen, blaublütiger Borretsch und wilde Rauke, gelbe Radieschen, Ochsenherz-Möhren in Hochbeeten. Geschossener Spargelsalat, der bald gelb blüht, etwas ganz Besonderes, das kein Gourmetservice liefert. Als Hintz und Rittmeyer sich kennenlernten, war der Koch sofort von dem, was in der Erde und auf den Bäumen wuchs begeistert. Als die Hofdame sagte, ja, sie habe vieles Verschiedenes anzubieten aber meist nicht mehr als ein, zwei Schüsseln voll, sagte Rittmeyer, „dann gibt es eben jeden Abend etwas Anderes". Der Küchenchef überrascht gerne.

Und gibt auf dem Weg zum Grill den Gästen mit einem wissenden Lächeln kleine gelbe Blüten zum Kosten. Die sind beim Reinbeißen 'senfiger' als Senf. Erstaunlich. Die Senfpflanzen stehen auf einem Blühstreifen, zusammen mit weißem Buchweizen, rosa Malven und violetten Phacelia, auch Bienenfreund genannt, nicht nur ein Paradies für Bienen, sondern auch für Köche, die eine blumige Küche anbieten. Zum „Black Welsh Rind" vom Rost passt nicht nur die im Heu gebackene, rauchig schmeckende Rübe perfekt, sondern findet sich die Frucht des Senfes wieder, in einer sämigen Senfkörner-Apfel-Sauce.

Der acht Kilo schwere Steinbutt schwamm zwar nicht in der Elbe, ein dänischer Fischer hat ihn in der Ostsee gefangen, aber sein gigantisches Filet findet in eingelegtem Rhabarber und warmer Remoulade mit Zutaten vom Hintz Hof regionale Begleiter.

Der süße Schluss ist eisig. In einer ausgestochenen und leicht angefrorenen Apfelhälfte lockt ein saures Oxalis Sorbet. Die Frucht vom Baum heißt 'Schöner aus Bath'. Eine alte Sorte, die sich kaum länger als vier Wochen lagern lässt. Ist auch nicht nötig, schmeckt viel zu gut und wächst nur wenige Meter vom Essenstisch.

AUF EIN GLAS

Apropos Glas, es ist für den Genuss weitaus entschei-
dender, als man glaubt. Generell gelten vier Kriterien
für ein gutes Weinglas: sauber, dünnwandig, langstielig
und glasklar. Weinexperten gestehen einem filigranen
Glas einen objektiv besseren Trinkgenuss zu, denn man
spitzt beim Trinken aus einem dünnwandigen Glas die
Lippen, sodass sich der Wein von der Zungenspitze aus
im Mund verteilt und alle Geschmackspapillen auf der
Zunge in den Genuss des Weins kommen.

»Vinum bonum deorum donum.«
GUTER WEIN IST EIN GESCHENK DER GÖTTER

*Ed Richter ist Hamburger, Sommelier, Wein-Consulter
für Gastronomie und Handel, Presenter für italienische
Weine in Deutschland und Fachjournalist. Eigentlich will
er von der Elbe an die Isar wechseln, weil er da schneller
in den Bergen, Südtirol und am Gardasee sei, sagt er.
Da ist er nicht der Einzige, denken wir Münchner, wohl
wissend, welche Staus ihn erwarten. Wir sagen aber erst
einmal nichts. Reden wir lieber über Wein, dieser Genuss
ist schließlich grenzübergreifend.*

Trinkt Hamburg andere Weine als München?

Ja, denn Hamburg liegt nicht in der Nähe eines Weinbauge-
bietes, da gibt es kein patriotisches Trinkverhalten. Internationale Weine sind gefragt. Die Süddeutschen trinken eher
regionale und viele italienische Weine.

Was favorisiert Hamburg derzeit im Glas?

Grauburgunder und Primitivo sind beliebt bei jüngeren Wein-
liebhabern, die Südfranzosen bei den Kennern. Auch ein
günstiger Preis spielt eine Rolle, deshalb ist z. B. Spanien mit
seinen sehr großen Weinbaugebieten wie La Mancha, erfolg-
reich. Was die deutschen Weinliebhaber eint, ist die Vorliebe
für Restsüße und dunkle Weine. Je dunkler ein Rotwein ist,
desto wertiger wird er angesehen.

*Wenn Geld keine Rolle spielt, welche Weine sollte man dann
im Keller haben?*

Schöne Frage, ich kann mich austoben: 2012 Screaming Ea-
gle. Cabernet Sauvignon und auch Sauvignon blanc. 2008
Penfolds Bin 620, Cabernet Shiraz. 2010 Masseto, Tenuta
Ornellaia. 2010 Chateau Le Pin, Pomerol. 2015 G-Max Ries-
ling von K.P. Keller. 2011 Scharzhofberger Riesling TBA van
Volxem. 2000 Clos d´Ambonnay Champagner von Krug.

*Toben Sie sich bitte noch einmal aus, dieses Mal spielt Geld
aber eine Rolle.*

2015 Ridge Geyserville oder die Chardonnays. 2015 Château
de Beaucastel, blanc. Weine von Cantine Ascheri, Piemont.
Weine von St. Antony, Rheinhessen. 2015 Alte Reben von van
Volxem, Saar. Alle Champagner von Tarlant.

*Angesichts der enormen Auswahl an guten Weinen ist ein Ge-
nießer oft überfordert. Was tun?*

Immer zum Fachhändler gehen, probieren, sich beraten lassen. Brunello und Barolo für 9,90 Euro vom Discounter sind
keine Option. Meist die letzte Plörre und die Käufer glauben
dann, so schmecken die Weine wirklich.

Für die Reportage „das Öffnen eines Schatzes" im foodhunter-Magazin haben wir 2013 einen Château Petrus 1979 aus unserem privaten Keller geöffnet. Hätten Sie das auch getan?

Auf jeden Fall. Ein gut gelagerter Petrus ist immer ein Erlebnis, egal wann und wo.

Immer mehr Prominente machen in Wein oder Winzer suchen sich einen prominenten Namen, den sie vor ihren Karren spannen. Was halten Sie vom Promi-Wein?

Ich habe schon viele probiert und für Publikationen bewertet. Bis auf wenige Ausnahmen, meist eher durchschnittlich. Namen nenne ich aber nicht.

Weingenuss sei subjektiv, heißt es. Machen Bewertungen in Wein- oder Foodmagazinen dann überhaupt Sinn?

Es macht Sinn, wenn der eigene Geschmack genau dem Profil von Parker und Co. entspricht. Das sollte jeder für sich entscheiden. Ich meine aber, Genießer sollte dem Wein unvoreingenommen gegenübertreten. Weder das Label ist wichtig noch die Punkte. Allein der persönliche Geschmack zählt. Deshalb verkosten wir in unseren privaten Weinrunden alle Weine blind. Das

ist fair auch kleinen Weinen gegenüber, die dann sehr oft die Überraschung des Abends sind. Diese Art des Verkostens kann ich jedem empfehlen.

Welche Regionen / Weine sind noch nicht im Fokus der Medien, aber Ihrer Meinung nach eine echte Entdeckung?

Da es zu viel Wein gibt und es immer mehr über den Preis geht, ist die Frage schwer zu beantworten. Überall da wo es besondere Weine gibt, kann es nicht viel Fläche und dementsprechend auch wenige Flaschen geben.

Weine aus steilen Lagen, wie der Mosel sind immer eine Entdeckung, sowie aus extremen Höhenlagen wie am Ätna, Aostatal, dem Valtellina oder den Anden.

In München gibt es einige Restaurants, die glasweise am Tisch aus der Magnum ausschenken. Eine Hommage an den Gast wie wir finden. Sollte das nicht überall Schule machen?

Für mich persönlich nicht das Wichtigste. Mit wäre es lieber, generell bessere Qualität zu fairen Preisen zu bekommen. Ich lehne es ab, für einen profanen Wein Geld zu bezahlen. Da bleiben Vergnügen und Genuss in der Gastronomie auf der Strecke.

HANDVERLESENE ADRESSEN

Er beflügelt die Geister zu himmlischen Höhen, ist die edelste Verkörperung des Naturgeistes und die Poesie der Erde, er lässt Gespräche wachsen und die Wahrheit zutage kommen. Unzählige Schriftsteller, Gourmets und Philosophen haben dem Wein gehaltvolle Zeilen gewidmet. Hier die Lieblingsadressen rund um Wein & Bar.

VINEYARD - LADEN UND WEINBAR

Im Herzen des Stadtteils Eimsbüttel liegt die Vinothek, die sich abends in ein Weinlokal wandelt. Jede Flasche gibt es zum Ladenpreis plus Korkgeld, eine Flasche Wasser gratis dazu. Um die 500 Weine und die 40 offenen Weine ausgiebig genießen zu können, braucht es eine gute Basis. Tipp: Flammkuchen aus dem Steinofen. Osterstraße 92, 20269 Hamburg. Weinhandel Mo-Sa ab 10.30 Uhr, Weinbar Di-Sa ab 17 Uhr.

WEINLADEN ST. PAULI

Aus Geheimtipp wird Hotspot, inzwischen ausgezeichnet als einer drei besten Fachhändler Deutschlands. Trinken und Probieren steht an erster Stelle — kein Wunder bei über 200 Weinen, die alle persönlich kuratiert wurden — aber eine kleine Brotzeit gibt es auch. Kreatives Publikum ohne Hipster-Allüren. Paul-Roosen-Straße 29, 22767 Hamburg, Mo-Sa ab 14 Uhr.

NEUE HEIMAT

Der Hamburger Fischmarkt wandelt sich zum Lifestyle-Quartier. Mittendrin: Neue Heimat — vor allem für Weinliebhaber, denn hier finden charaktervolle Weine ein Forum, die nicht dem Mainstream-Geschmack unterworfen sind, darunter auch Extravagantes wie ein Vintage Kirschwein aus Dänemark. Komplettiert wird der Genuss durch die frische Gemüseküche und eine exzellente Käsetheke. Fischmarkt 5, 22767 Hamburg. Di-Sa ab 14 Uhr.

DER BOCKSBEUTEL

Der Name ist Programm: Frankenwein im Fokus. Das Urgestein der Vinotheken — seit 1975 — liegt in den Colonnaden und ausgeschenkt wird Feinstes von den besten Winzern und Weingütern. Unser Tipp: Weine vom Weingut Meintzinger. Zur hervorragenden Weinqualität mischen sich günstige Preise und eine legere Atmosphäre, denn draußen im Stehen leert sich das Glas ebenso schnell und entspannt wie drinnen an geselligen Stehtischen. Colonnaden 54, 20354 Hamburg. Mo-Sa 11.30-21 Uhr, So und Feiertag ab 15 Uhr.

SÜDHANG

Wer von der Straße aus sucht, wird nicht gleich fündig, denn die Vinothek Südhang liegt im ersten Stock mit Blick auf die Schanze. Im Bistro-Stil eingerichtet bietet die Adresse nicht nur kleine Snacks, sondern auch Gerichte für den großen Hunger. Die Weinauswahl ist nicht riesig, aber ausgewählt. 15 feste offene Weine und 30 Flaschenweine aus unterschiedlichen Anbaugebieten. Foodhunter-Tipp: Incognito von Philipp Kuhn aus der Pfalz. Susannenstraße 29, 20357 Hamburg. Mo-Sa ab 18 Uhr.

NEUMANNS GRINDELHOF

Alpines Ambiente dank holzvertäfelter Wände, verschiedenen Sitzebenen, deckenhohen Weinregale. Die Gäste genießen gutes Bistroessen und feine Brotzeiten, die den Namen wirklich verdienen, denn das Brot stammt aus der eigenen Bäckerei. Hauptaugenmerk gilt den Weinen aus aller Welt. Durchprobieren erlaubt, denn 50 Weine gibt es im offenen Ausschank (auch als 0,1 l). Grindelhof 77, 20146 Hamburg. Mo-Do ab 12 Uhr, Sa/So ab 17 Uhr.

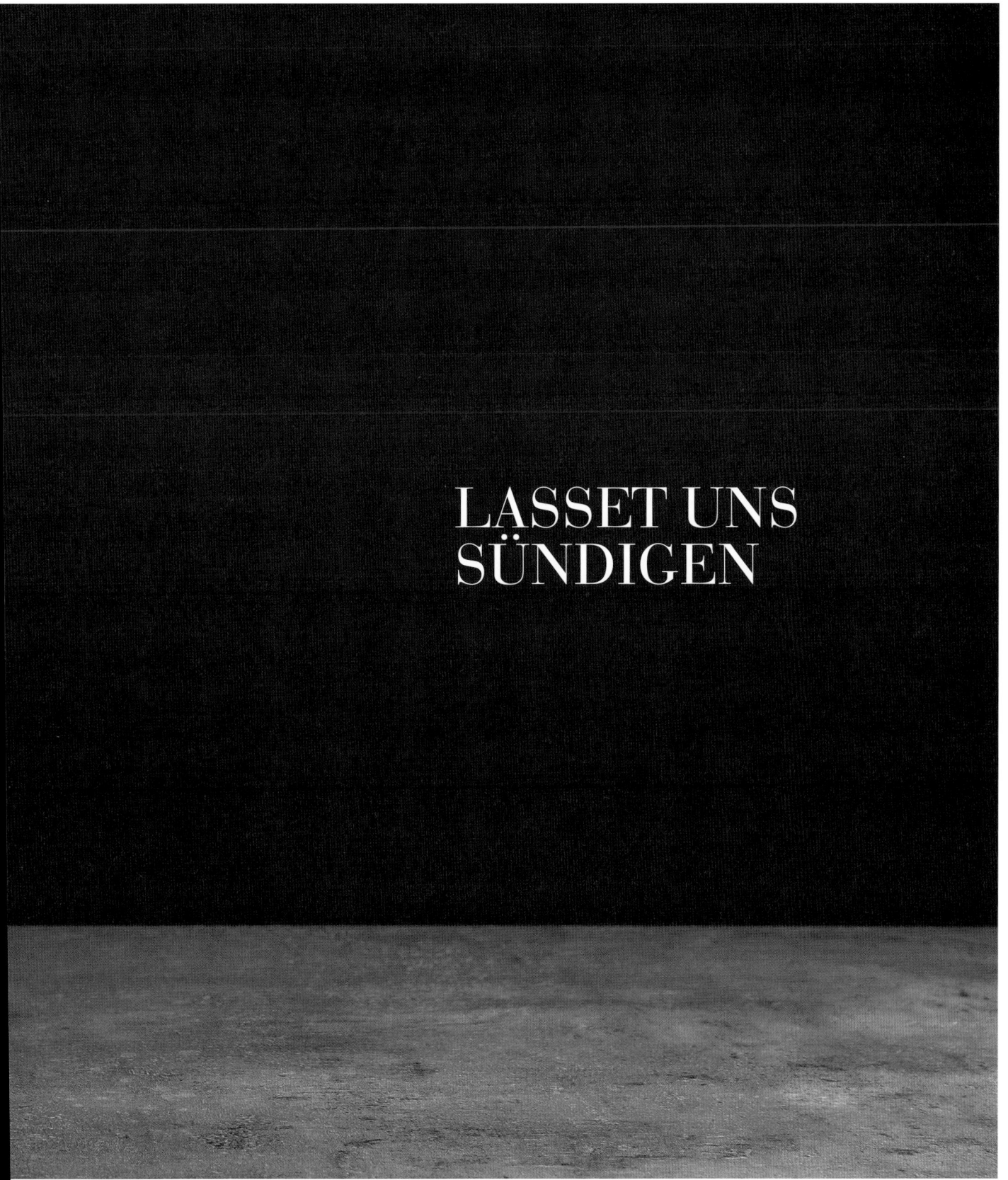

LASSET UNS
SÜNDIGEN

MARONENCRÈME
LUFTSCHOKOLADE, APFELSORBET, PREISELBEEREN

ZUTATEN FÜR 6 PERSONEN: 500 g Maronenpüree von Boiron, 125 g Butter, 125 g Mascarpone, 60 g Zucker, 4 Eigelb, 1 g Agar-Agar, 3 Blatt weiße Gelatine, 100 ml Apfelsaft naturtrüb. **WEISSE LUFTSCHOKOLADE:** 150 g Valrhona weiße Schokolade, 30 ml Pflanzenöl. **APFELSORBET:** 400 g grünes Apfelpüree von Boiron, 100 ml Apfelsaft naturtrüb, 60 g Glukosesirup, 90 g Puderzucker, Saft einer ½ Zitrone. Preiselbeeren: 100 g frische Preiselbeeren, 50 g brauner Zucker, 100 ml Preiselbeersaft, Mark einer ½ Vanilleschote, 50 ml Portwein. **GARNITUR:** Atsina Kresse, gekochte Maronen

Elfriedes Witwenball war in den 20er Jahren eine Institution in Hamburg. Der Name und auch die Einrichtung des Restaurants sind eine Hommage an die einst so angesagten Tanzveranstaltungen, die hier abgehalten wurden. Zum einzigartigen Charme des Hauses passt die neu gestaltete Weidenallee, mit der sich Eimsbüttel zum angesagten Ausgeh- und Shoppingviertel gewandelt hat.

ZUBEREITUNG

MARONENCRÈME: Gelatine in kaltem Wasser einweichen. Maronenpüree und Apfelsaft mit Zucker und Agar-Agar aufkochen. Auf 50 °C abkühlen lassen, mit dem Eigelb mischen und die Masse auf 74 °C im Wasserbad erhitzen. Auf einem Eisbad auf 60 °C runterkühlen. Die ausgedrückte Gelatine einrühren. Anschließend die gewürfelte Butter und die Mascarpone mit einem Mixstab einrühren. Die Masse in eine mit Backpapier ausgelegte Form füllen und für 24 Stunden kalt stellen.

WEISSE SCHOKOLADE: Schokolade schmelzen, Öl auf die gleiche Temperatur erwärmen und anschließend in die geschmolzene Schokolade rühren. Die Masse in einen Sahne-Siphon füllen und eine CO2 Kapsel zufügen. Vorsichtig den entstandenen Druck aus der Flasche lassen, ohne dass die Masse entweicht.

Anschließend den Siphon öffnen und die Schokoladenmasse in eine mit Backpapier ausgelegte Form laufen lassen. Im Gefrierschrank eine Stunde durchkühlen lassen.

APFELSORBET: Alle Zutaten unter Rühren aufkochen, abkühlen lassen und im Pacojet-Becher über Nacht gefrieren lassen. Am nächsten Tag im Pacojet pacossieren. Wer keinen Pacojet hat, kann das Sorbet auch à la minute in der Eismaschine zubereiten.

PREISELBEEREN: Braunen Zucker im Topf karamellisieren. Mit Portwein und Preiselbeersaft ablöschen. Vanillemark und Preiselbeeren hinzufügen und einkochen lassen.

ANRICHTEN: Maronencrème in Dreiecke schneiden mit Luftschokolade, Preiselbeerkompott und Apfelsorbet-Nocken ausdekorieren. Mit gewürfelten Maronen und Kresse finalisieren.

Weinempfehlung: Huet, Loire,
2015 Le Haut Lieu Moelleux 1ère Trie, Chenin Blanc

ZIEGENMILCHEIS,
SCHOKOLADENBISKUIT, RHABARBER

ZUTATEN FÜR 4 PERSONEN: 200 g Rhabarber, 1 EL Himbeeren, 2 EL Zucker, 1 gestrichener TL Mondamin. ZIEGENMILCHEIS: 250 g Ziegenquark, 250 ml Ziegenmilch, 125 g Puderzucker, 40 g Glukose, 2 Blatt Gelatine. ZIEGENQUARK: 100 g Ziegenquark, 50 ml Ziegenmilch, 50 g Puderzucker. SCHOKOLADENBISKUIT: 4 Eier, 60 g Zucker, 20 g Weizenmehl (Type 405), 40 g Kakaopulver. SONNEN-BLUMENKERNE: 100 g Sonnenblumenkerne, 50 g Puderzucker

Wohin nach einem grandiosen Konzert in der Elbphilharmonie oder dem Besuch eines Musicals? Das Restaurant Heldenplatz liegt in unmittelbarer Nähe der großen Häuser und bietet einen für Hamburg einmaligen kulinarischen Auftritt: Bis 2 Uhr nachts können Show- und Konzertbesucher im Heldenplatz hervorragende warme Küche genießen.

ZUBEREITUNG: Rhabarber waschen, schälen und in eine Auflaufform mit den Himbeeren legen. Mit Zucker bestreuen und mit Alufolie luftdicht abdecken. Auf mittlerer Schiene bei 180 °C (Umluft, vorgeheizt) 5-6 min schmoren. Auskühlen lassen und den Saft in einen Topf abgießen.

RHABARBERSUD: Den Saft auf die Hälfte einkochen. Mondamin in 50 ml kaltem Wasser gut verrühren und die Mischung in den kochenden Rhabarbersud einrühren. Ca. 8 min kochen und abkühlen lassen.

ZIEGENMILCHEIS: Milch, Quark, Zucker in einem Topf mit der Glukose erwärmen. Die in kaltem Wasser eingeweichte Gelatine in dem Gemisch unter Rühren auflösen.

Abkühlen lassen und in einen Pacojet-Becher umfüllen. Diesen 12 Std. bei -24 °C durchfrieren lassen.

ZIEGENQUARK: Alle Zutaten zu einer glatten Masse verrühren.

SCHOKOLADENBISKUIT: Eigelb vom Eiweiß trennen. Das Eiweiß mit dem Zucker aufschlagen, danach das Eigelb unterrühren. Mehl und Kakaopulver gesiebt nach und nach in die Masse unterheben. Backblech mit Backpapier auslegen. Darauf die Mischung gleichmäßig verteilen und glatt streichen. Im Backofen auf mittlerer Schiene bei 180 °C (Ober- & Unterhitze oder Umluft) 7-8 min backen. Herausnehmen und abkühlen lassen.

SONNENBLUMENKERNE: Kerne auf einem mit Backpapier ausgelegtem Backblech verteilen und bei 180 °C (Ober- & Unterhitze oder Umluft) 10-15 min rösten. Herausnehmen und mit Puderzucker vermengen. Auf dem Blech weitere 5 min bei gleicher Temperatur kandieren.

ANRICHTEN: Rhabarber klein schneiden und kurz in dem Rhabarbersud marinieren. Biskuit ausstechen auf dem Teller anrichten. Ziegenquark als Punkte setzen, Sonnenblumenkerne und Rhabarberstücke verteilen. Das Eis im Pacojet durchlassen. Eine Nocke abstechen und auf das Biskuit legen. Alles mit dem restlichen Rhabarbersud beträufeln.

BLAUBEERPARFAIT
TOPINAMBURCREME, ANIS AGASTACHE SORBET

ZUTATEN FÜR 4 PERSONEN

ANIS AGASTACHE SORBET

100 g Glucose

200 g Isomalt

670 ml Wasser

70 ml Rhabarbersaft/
alternativ Zitronensaft

20 g Zucker

125 g Anis Agastache

BLAUBEERPARFAIT

600 ml Blaubeersaft

50 ml Blaubeerlikör

300 g vegane Sahne

1 Msp Ascorbinsäure

30 g Zucker

BLAUBEERPULVER

200 g frische Blaubeeren

TOPINAMBURCREME

500 g geschälte Topinambur

75 g Zucker

300 g Hafersahne

200 ml Buchweizenmilch

EINGELEGTE BLAUBEEREN

200 g Blaubeersaft

300 g Blaubeeren

50 g Zucker

80 g Gelierzucker

5 g Ascorbinsäure

BLAUBEERSCHAUM

900 ml Blaubeersaft

100 ml Blaubeerlikör

1 Msp Ascorbinsäure

40 g Zucker

500 ml vegane Sahne /
alternativ normale Sahne

BLAUBEERHIPPE

200 ml Blaubeersaft

20 g Zucker

1 Prise Ascorbinsäure

2,4 g Agar-Agar

ZUBEREITUNG

SORBET: Bis auf das Anis Agastache alle Zutaten vermischen, einmal aufkochen. 12 Std. im Kühlschrank ziehen lassen. Dann die Anis Agastache zugeben und in einem Pacojet-Becher gefrieren. Bei -22 °C mindestens dreimal pacossieren, bis das Anis Agastache sehr fein vermahlen ist. Tipp: Ohne Pacojet die Sorbetmasse mit abgezupfter Agastache auf einem flachen Blech einfrieren. Nach dem Frieren in Stücke brechen und im Mixer auf höchster Leistung mixen. Das Ganze mehrmals wiederholen.

BLAUBEERPARFAIT: Zutaten mischen und in einen Sahne-Siphon füllen. Mit zwei Sahnekapseln befüllen und in eine flache Kuchenform spritzen. Glattstreichen und einfrieren. Später in 5 cm große Kreise ausstechen.

BLAUBEERPULVER: Die gewaschenen Blaubeeren im Ofen bei 50-60 °C und leicht geöffneter Tür auf einem Backpapier trocknen. Im Anschluss zu einem sehr feinen Pulver vermahlen.

TOBINAMBURCREME: Die grob gewürfelte Topinambur in heißem Öl goldgelb rösten. Mit Zucker karamellisieren. Danach mit Hafersahne und Buchweizenmilch ablöschen und bei mäßiger Hitze weich garen. Im Mixer zu einer sehr feinen Creme mixen.

EINGELEGTE BLAUBEEREN: Den Zucker in einem Topf karamellisieren lassen. Mit Blaubeersaft ablöschen. Die Ascorbinsäure und den Gelierzucker einrühren und einmal kräftig aufkochen. Die Blaubeeren in die heiße Flüssigkeit geben und in Einmachgläser füllen. Bei 85 °C Dampf 10 min pasteurisieren.

BLAUBEERSCHAUM: Die Zutaten mischen und 10 min quellen lassen. Die Masse in einen Sahne-Siphon füllen und die Sahnekapsel einschrauben, bis der gesamte Kapselinhalt hörbar eingeströmt ist. Die Flasche kalt stellen und kurz vorm Servieren die Kapsel erneuern, denn das sorgt für eine noch cremigere Konsistenz.

Das i-Tüpfelchen: Blaubeerhippe. Dafür die Zutaten vermengen und die Masse dünn ausgestrichen auf einem Backpapier im warmen Ofen trocknen lassen. Danach in Stücke brechen.

ANANAS, FALSCHE KOKOSNUSS, OLIVEN-BASILIKUM-SCHOKOLADE

„Vor Hamburg war ich Chefkoch in der Vila Joya, Portugal. Ein Großteil meines Teams folgte mir aus Freundschaft und Verbundenheit aufgrund jahrelanger intensiver Zusammenarbeit. In Hamburg konzentrieren wir uns darauf, unsere Vorstellung von modernen und kreativer mediterraner Küche zu verwirklichen."

ZUBEREITUNG FÜR 4 PERSONEN

KOKOS-PULVER

25 g Kokosöl, Maltodextrin

So viel Maltodextrin zu dem Kokosöl hinzufügen (am besten mit den Händen), bis ein Puder entsteht.

VANILLEEIS

883 ml Milch, 252 ml Sahne, 66 ml Milchpulver, 7 g Eisstabilisator. 220 g Zucker, 53 g Dextrose, 1 Vanilleschote

Alle trockenen Bestandteile in einem Topf vermengen. Unter Rühren nach und nach Milch, Sahne und die Vanille hinzufügen. Die Masse auf 82 °C erhitzen, den Topf vom Kochfeld nehmen und das Gemisch in einem Eisbad schnell abkühlen. Sobald die Masse kalt ist, 24 Std. im Kühlschrank ruhen lassen. Nach der Ruhezeit nochmals kräftig rühren, durch ein Sieb passieren. In eine Eismaschine geben, bis die gewünschte Konsistenz erreicht ist.

KOKOS-ANANAS-GEL

125 g Ananas-Püree, 25 ml Ananassaft 25 g Kokospüree, 12,5 ml Batida de Coco, 7,5 ml weißer Rum, 7,5 g Zucker, 5 g Limettensirup, 1 g Agar-Agar

Zutaten vermengen und kurz erhitzen. Das abgekühlte Gel mit einem Stabmixer mixen und durch ein Spitzsieb passieren.

MERINGUE

50 g frisches Eiweiß, 1 TL Eiweißpulver, 100 g Zucker, Kokosmilchpuder

Zutaten im Wasserbad auf 50 °C erhitzen. Dann auf höchster Stufe verrühren, bis ein fester Meringue-Teig entsteht. In einen Spritzbeutel füllen und kleine Tupfer dressieren. Mit Kokosmilchpulver bestreuen und bei 60-70 °C ca. 12 Std. trocknen.

FRISCHE ANANAS

Aus dem Fruchtfleisch einer Ananas 2 cm lange, 1,5 cm breite, 1,5 cm hohe Ananaswürfel schneiden. Eine Längsseite mit braunem Zucker bestreuen und mit dem Bunsenbrenner karamellisieren. Zusätzlich mit einer Schneidemaschine hauchdünne Ananasscheiben schneiden und zu dekorativen Röllchen formen.

KOKOS-PERLEN

150 g Kokos-Püree, 30 g Kokos-Creme, 15 ml Kokossirup, 20 ml Batida de Coco, 10 ml Limetten-Sirup, 10 ml weißer Rum

Alle Zutaten mit einem Handmixer zu einer homogenen Masse verarbeiten und in eine Spritzflasche umfüllen. Den Inhalt nun in ein Behältnis mit flüssigem Stickstoff tröpfeln lassen, sodass dekorative Kokos-Perlen entstehen. Diese im Gefrierfach lagern und ganz zuletzt auf dem Teller anrichten.

Weinempfehlungen: Oliver Zeter, Sweetheart, 2016.
2015 Charles Hours, Clos Uroulat Jurançon

"Ich bin Italiener, habe lange in Spanien und Portugal gelebt und gearbeitet und diese mediterrane Küche hat mich geprägt. Im Bianc kochen wir – außer bei Desserts – ohne Butter und Sahne, verwenden stattdessen nur Olivenöl. Meine Gäste sollen sich auch nach vielen Amuse Bouche und einem 9-Gänge-Menü gut fühlen und nicht übersättigt."

KOKOS-CHIPS

1 Kokosnuss öffnen, Schale entfernen. Das Kokosfleisch in feine Scheiben schneiden und trocknen (dies kann gemeinsam mit den Meringues passieren). Wenn getrocknet, in dekorative größere Teile zerbrechen.

FALSCHE KOKOSNUSS

250 g Kokospüree, 10 ml Batida de Coco, 7,5 g Pro Espuma cold, 200 g Kokosöl, 30 g Kakaopulver

Alle Zutaten mit einem Stabmixer mixen. Masse durch ein Spitzsieb passieren. In einen Sahne-Siphon füllen, der mit 2 Patronen CO_2 bestückt ist. Eine halbmond-förmige Silikonform (7 cm ∅) mit dem Schaum befüllen, den Schaum gerade ziehen und mit einem Eisportionierer (vorher in heißem Wasser erhitzen) ca. 3 cm ∅ große runde Halbmonde ausstechen. Den übrigen in der Silikonform verbleibenden Schaum im Eisfach gefrieren lassen. Den gefrorenen Kokosschaum aus der Form pressen und die Außenseite mit einer Mischung aus Kokosöl (35 °C, flüssig) und Kakaopulver benetzen, sodass die braune "Kokosschale" nachempfunden wird. In größere Teile brechen.

OLIVEN-BASILIKUM-SCHOKOLADE

67,5 g weiße Schokolade, 55 ml Olivenöl, 75 ml Sahne, 15 g Basilikumblätter

In einem kleinen Topf Sahne und Basilikum erhitzen, 10 min ziehen lassen. 50 g der Sahne-Basilikum Mischung in einen zweiten kleinen Topf füllen. Die weiße Schokolade in einem Wasserbad schmelzen. Die weiße Schokolade und die heiße Sahne in einem Messbecher füllen und mit einem Stabmixer mixen. Tröpfchen für Tröpfchen das Olivenöl hinzufügen, bis eine homogene Masse entsteht. Diese in kleine Silikonformen abfüllen und 12 Std. bei 18 °C Grad ruhen lassen. Nach der Ruhezeit einfrieren. Die gefrorenen Kugeln aus den Förmchen pressen. Kokosraspeln bei 160 °C für 5 min rösten und die Kugeln damit benetzen.

Die Focaccia in der Papiertüte – Erinnerungen an die Kindheit, wenn Mama Ferrantino ihrem Jungen die Schulbrote mitgab. »Das beste Rezept der Welt, keine Focaccia schmeckt besser«, sagt Matteo. Wir freuen uns, dass er uns das Rezept verraten hat.

BIANC RESTAURANT, MATTEO FERRANTINO
FOCACCIA ALLA MAMMA

Die Kartoffeln mit Schale weich garen, pellen und zu einer weichen Masse pürieren. Rosmarin und Knoblauch fein hacken. Mehl, Rosmarin, Knoblauch und Kartoffelpüree im Mixer vermischen bis eine homogene Masse entsteht. Beiseite stellen.

Wasser und Salz in einem Gefäß vermischen. Milch und Hefe in einem separaten Gefäß vermischen. Nun die Elemente miteinander vermengen: Zuerst das Salzwasser zur Mehl-Kartoffel Masse hinzufügen. Danach die Hefemilch dazugeben. Das ganze ca. 5 min zu einem homogenen Teig verrühren. Einen Teigball formen (Tipp: Die Hände mit Olivenöl einreiben, damit der Teig nicht kleben bleibt).

Eine Brotbackform mit Backpapier auslegen und leicht mit Olivenöl einfetten. Den Teig hineinlegen, mit Olivenöl massieren und dann alles mit einem feuchten Tuch abdecken. Den Teig bei 30 °C für ca. 1 Stunde quellen lassen. Bei niedrigerer Temperatur mehr Zeit einrechnen.

Dann den Teig leicht in die Form zurückdrücken und im vorgeheizten Ofen bei 200 °C für 20 min backen. Mit mediterranem Kräutersalz bestreuen und servieren.

ZUTATEN

180 g Kartoffeln

375 g Mehl

2,5 g Rosmarin

1 frische Knoblauchzehe
(ohne Strunk im Inneren)

175 ml Wasser

10 g Salz

50 ml Milch

12,5 g frische Hefe

Olivenöl

mediterranes Kräutersalz

WACKELPUDDING,
AQUAVIT, JOHANNISBEERE, VANILLESCHAUM

ZUTATEN FÜR 4 PERSONEN: PUDDING: 4 Blatt Gelatine, 60 ml Wasser, 40 g Zucker, 150 ml Riesling, 2 Zweige Basilikum und etwas Spinatpaste (blanchierter und fein gemixter Spinat), 375 ml Champagner, 60 ml Aquavit. VANILLESCHAUM: 250 ml Milch, 250 ml Sahne, 3 Vanilleschoten, 60 g Zucker, Eigelb von 6 Eiern. ROTE JOHANNISBEEREN: 200 g Johannisbeeren, 40 g Puderzucker. WAFFEL: 65 ml flüssige Butter, 250 g Puderzucker, gesiebt, 1 Prise Salz, 2 Eier, Größe L, 250 g Mehl, gesiebt, 200 ml Wasser, 250 ml Vollmilch, Mark von 1 Vanilleschote

Das Se7en Gourmetrestaurant liegt in einer Einkaufsmall, das macht es für ein Restaurant dieser Kategorie nicht einfach. Jetzt hat André Stolle die Regie am Herd übernommen, der gute Küche modern und zwanglos präsentiert und damit das Motto des SE7EN OCEANS "Creative & Casual Fine Dining" perfekt umsetzt. „Ich mag avantgardistische Kompositionen und das Spiel mit den Gegensätzen aus Tradition und Trend", erklärt er sein außergewöhnliches Dessert.

ZUBEREITUNG

AQUAVIT-WACKELPUDDING: Gelatine einweichen. Wasser mit Zucker aufkochen und die Gelatine darin auflösen. Den Riesling und die mit der Hand gequetschten Basilikum zugeben und für 10 min auslaugen lassen. Basilikum entfernen und den Fond auf Eis stellen. Wenn die Gelatinebindung einsetzt, mit dem Champagner auffüllen und mit Aquavit abschmecken. Danach in einer Metallschüssel mindestens 12 Std. kalt stellen.

VANILLESCHAUM: Milch, Sahne und das Mark der Vanilleschoten aufkochen. Eigelbe und Zucker in einem Schlagkessel mischen und unter Rühren das heiße Sahne-Gemisch zugeben. Über einem Wasserbad zur Rose abziehen. Die Sauce auf Eis abkühlen und in einen Sahne-Siphon füllen. Kalt stellen.

WAFFEL: Butter, Puderzucker, Salz, Eier cremig schlagen. Mehl, Milch und Wasser abwechselnd unterrühren. Das Vanillemark zugeben. Den Teig eine gute Stunde im Kühlschrank quellen lassen. Mit einem größeren Löffel portionieren und im Waffeleisen bis zur gewünschten Bräune backen. Die frisch gebackenen Waffeln sofort über einen Kegel drehen, damit sie die gewünschten Form erhalten.

JOHANNISBEEREN zupfen und mit Puderzucker marinieren.

ANRICHTEN: Wackelpudding portionsweise in kleine Gläser geben. Separat den Vanilleschaum in die Hörnchen spritzen und mit Johannisbeeren garnieren.

CHEESECAKE
EASY, TASTEFUL, NORDIC STYLE

Dänen lieben Frischkäse und Dänen lieben das Backen. Dagegen ist selbst ein gestandenes Mannsbild wie Brian Bojsen nicht gefeit. Natürlich hat jeder in der großen Bojsen-Familie sein Lieblingsrezept für den einmaligen, weltweit besten Käsekuchen. Hier kommt das Rezept von Brian. Das Ergebnis ist geschmacklich nicht weniger umwerfend als seine legendären Surf-and-Turf-Burger, die in seinem Restaurant Brian's Steak & Lobster täglich über den Tresen gehen.

ZUTATEN FÜR EINE SPRINGFORM VON Ø 26 CM:

2 Packungen Butterkekse à 200 g,
125 g weiche Butter
750 g Frischkäse
750 g Ricotta
4 Eier
250 g Zucker
Mark von 1 Vanilleschote
Salz

ZUBEREITUNG

Den Backofen auf 180 °C vorheizen. Die Butterkekse in einen Plastikbeutel geben und mit Pfannenboden oder Fleischklopfer zerkrümeln.

Die Kekskrümel mit der Butter vermischen und die Masse gleichmäßig in einer Springform von 26 Ø bis an die Ränder verteilen und gleichmäßig festdrücken. Den Boden dann auf der mittleren Schiene 10 min backen.

Inzwischen den Frischkäse mit Ricotta, Eiern, Zucker, Vanillemark und 1 Prise Salz zu einer glatten Masse verrühren. Die Fischkäse-Masse auf dem angebackenen Keksboden verteilen und die Ofentemperatur auf 150 °C reduzieren.

Den Cheesecake etwa 80 min backen. Sollte der Cheesecake oben noch etwas blass sein, dann mit Oberhitze oder Grillfunktion ein paar Minuten anbräunen. Dabei aber im Auge behalten. Serviertipp: eingelegte Kirschen.

ORIGINAL KIRSCH-PFANN-KUCHEN

ZUTATEN FÜR 2 PORTIONEN:

400 g süße Kirschen
(Alternativ: Kirschen aus dem Glas)
250 ml Milch
150 g Mehl
3 g Backpulver
5 Eier
1 Prise Salz
2 Tropfen Bittermandelaroma

SÜSSES TOPPING

Brauner Zucker, Puderzucker oder je nach
Wunsch eine Zimt/Zucker-Mischung.

ZUBEREITUNG

Die Kirschen entsteinen und im eigenen Saft etwas marinieren lassen. Alternativ Kirschen aus dem Glas verwenden.

Backofen auf 160 °C vorheizen. Eier trennen. In einer Schüssel Eiklar zu Eischnee verrühren.

In einer anderen Schüssel Eigelb, Milch, Mehl, Backpulver zu einer homogenen Masse verrühren und mit dem Bittermandelaroma und einer Prise Salz abschmecken. Die Eigelbmasse in die Schüssel mit dem Eischnee geben und alles vorsichtig unterheben.

Die Hälfte des Teiges in eine mittelgroße, vorgewärmte und ofenfeste Pfanne geben und den Teig einige Sekunden anbraten lassen. Nun die Hälfte der Kirschen großzügig auf den Teig setzen und die Pfanne im Anschluss für 8 min in den Backofen schieben. Herausnehmen, mit Puderzucker bestreuen und heiß servieren. Mit jedem weiteren Pfannkuchen ebenso verfahren.

SAFTIGER APFELKUCHEN VOM LAND

ZUTATEN FÜR EINE SPRINGFORM VON Ø 26 CM

8 Äpfel, ca. 2 kg (Elstar, Jonagold,
Cox Orange oder Boskop)
225 g Mehl
¾ TL Backpulver
125 g Zucker
1 Päckchen Vanillezucker
2 Eier (groß)
125 g Butter (kalt, in Stückchen)

FÜR DIE STREUSEL
150 g Butter
225 g Mehl
150 g Zucker
1,5 TL Zimt (nach Wunsch)

ZUBEREITUNG: Den Backofen auf 180 °C (Umluft 160 °C) vorheizen. Springform mit Butter ausstreichen. Äpfel schälen, vierteln und das Kerngehäuse entfernen. Apfelviertel in Spalten schneiden. Mit Zitronensaft beträufeln, damit das Fruchtfleisch nicht braun wird.

Mehl, Backpulver, Zucker, Vanillezucker, Eier und die Butter zu einem glatten Mürbeteig verkneten. Diesen auf einer bemehlten Arbeitsfläche ausrollen und die Springform damit auslegen. Den Teig am Rand etwa 4 cm hochziehen. Den Boden 10 Minuten vorbacken.

Die Butter für die Streusel in einem Topf schmelzen und etwas abkühlen lassen. In einer Rührschüssel Mehl, Zucker und Zimt mit der Hand oder dem Knethaken des Rührgeräts vermengen, die lauwarme Butter unterheben und alles zu Streuseln verarbeiten.

Apfelviertel in Spalten schneiden und gleichmäßig auf dem vorgebackenen Teigboden verteilen. Mit den Streuseln bedecken und den Kuchen im vorgeheizten Ofen weitere 30 Minuten backen.

Ohne Äpfel geht es nicht im Alten Land. Ganz oben auf der Genussliste steht der Apfelkuchen. Saftig, mit frischen, leicht säuerlichen Äpfeln zubereitet, schnell gemacht und eigentlich das ganze Jahr über eine Freude auf der Familientafel.

MAL WIRD'S EIN PICASSO, MAL EIN JACKSON POLLOCK ABER AUF JEDEN FALL IMMER EIN ERFOLG

"MESS & EAT"

ZUTATEN FÜR 4-8 PERSONEN: FÜR DAS BAISER: 4 Eier 100 g Zucker 1 TL Speisestärke, 1 TL Weißwein-Essig (oder fertig kaufen). 1 l Vanilleeis (es geht auch gemischt: Pistazie, Karamell mit Fleur de Sel, Schokoladeneis). **SÜSSE BEEREN:** frisch oder TK, ca. 600 g (Erdbeeren, Brombeeren, Himbeeren), 3-4 EL Likör, 2 Becher Schlagsahne. 4 Handvoll Nüsse (Macadamia, Walnüsse, Mandeln...) Pistazien, Pinienkerne, 1 Tafel Bitterschokolade 70 %. **DEKO:** frische Minze, Zitronenmelisse.

BAISER: Ofen auf 90 °C (Ober- und Unterhitze) vorheizen. Eier trennen, Eiweiß dem Schneebesen aufschlagen, 100 g Zucker, Essig und Speisestärke hinzufügen und mit dem Handrührgerät steif schlagen. Masse in eine Spritztülle füllen und auf ein mit Backpapier belegtes Blech kleine Nester aufspritzen. Baiser sofort in den Ofen geben und ca. 1,5 Stunden trocknen lassen. Dabei die Ofentür einen Spalt offen lassen. Nach der Backzeit den Backofen ausschalten, Baiser darin auskühlen lassen.

Die Sahne steif schlagen. Die gefrorenen Beeren pürieren und durch ein feines Sieb streichen. Die Bitterschokolade im Wasserbad schmelzen. Die frischen Beeren mit etwas Zucker und Likör marinieren.

ANRICHTEN: eine große weiße Platte, am besten tiefgekühlt. Darauf Nocken von Eis setzen. Dazu die frischen Beeren setzen. Baisers grob zerkleinern und kunstvoll darüber streuen. Die Sahne über das Kunstwerk klecksen. Frucht-Coulis dazu, und die Nüsse und Pistazien verstreuen. Nun die geschmolzene Schokolade mit dem Esslöffel darüber träufeln oder Linien ziehen. Mit Minze und Melisse garnieren. In die Mitte des Tisches stellen.

Offiziell heißt das Gericht ETON MESS, weil es zum alljährlichen Cricketspiel des Eton Colleges gegen die Harrow School serviert wird. Foodhunter nennt es lieber Mess & Eat, erst das Chaos, dann der Genuss! Geht schnell, sieht cool aus und alle am Tisch sind happy! Mit diesem Dessert sind in puncto Kreativität, Zutaten und Menge keine Grenzen gesetzt.

HUNTER'S BAR & GRILL, EPPENDORF

AMARULA PUDDING,
PISTAZIENKROKANT

ZUTATEN FÜR 6 PERSONEN: PUDDING: 1,25 l Amarula, 100 ml Sahne, 30 g Zucker, 3 Eigelb, 1 Vanilleschote, 1 Prise Salz, etwas Stärke **KROKANT:** 50 g Pistazienkerne, 50 g Zucker, etwas Butter, 1 Prise Salz

ZUBEREITUNG

AMARULA-SAHNE: Zucker in einem Topf leicht karamellisieren lassen. 1 Liter Amarula und das Salz dazugeben und die Hitze reduzieren. Sahne und die Vanilleschote dazugeben und alles 30 min ziehen lassen. Parallel die Stärke in kaltem Wasser auflösen und in die Amarula-Sahne-Mischung einrühren. Einmal aufkochen lassen. Die Vanilleschote herausnehmen.

PUDDING: In eine Schüssel 3 Eigelb geben und mit einer Kelle nach und nach die heiße Amarula-Sahne aus dem Topf beifügen. Schnell verquirlen, damit das Eigelb nicht stockt.

Die warme Eigelb-Sahne Mischung wieder zurück in den Topf schütten und mit dem Schneebesen die restliche Amarulasahne einrühren. Bei mittlerer Hitze soweit aufkochen lassen, bis die Masse bindet. Die verbliebenen 250 ml Amarula zuschütten und alles in dekorative Gläser umfüllen.

KROKANT: Etwas Butter in einer Pfanne erhitzen und den Zucker darin leicht bräunen. Die Pistazien zugeben, salzen und kurz rösten. Die Masse auf Backpapier streichen und erkalten lassen. Danach zerstoßen.

KULINARISCHE INSIDERTIPPS

Die Genussadressen, die uns von Hamburger Freunden und Gourmets zugetragen wurden, waren zahlreich. Hier für alle, die nach der Lektüre unseres Kochbuches Appetit auf noch mehr Hamburg bekommen haben, noch mehr Insider-Empfehlung!

MARKTZEIT IN DER FABRIK

Die Neighbourhood Markets sind fester Bestandteil in Megacitys wie New York oder Melbourne. Ein bisschen New York Feeling ist auch in Hamburg zu spüren, wenn am Wochenende (von September bis Mai) Marktzeit in der Altonaer Fabrik ist. Einkaufen und genießen unter einem Dach. Barnerstraße 36, 22765 Hamburg. Samstag 9.30-15 Uhr.

REXRODT

Ein Klassiker, um den es etwas still geworden ist. Dabei offeriert das Rexrodt nicht nur eine wahrlich film- und fotoreife Jugendstil-Kulisse, sondern liefert auch kulinarisch eine beständige Performance. Chef Niels-Ove Nielsen serviert marktfrische, saisonale Bistroküche ohne großes Chichi, dafür mit Saucen, die zum Tellerlecken verführen. Papenhuder Straße 35, 22087 Hamburg. Mo-Fr 12-15 Uhr. Mo-Sa ab 18.30 Uhr.

OSTERIA DEL PRETE

Ein Italiener mit Herzlichkeit und bodenständig-guten Gerichten, die Italiens Küche weltberühmt gemacht haben. Kalabresische Küche ist es in diesem Fall, mit Originalzutaten DOP, dazu Fisch aus Wildfang und Wild aus den Wäldern um Hamburg. Francesco Sbano und Gianfranco Losito sind stolz, alle ihre Lieferanten persönlich zu kennen. Hein-Köllisch-Platz 6, 20359 Hamburg. Di-So ab 17 Uhr.

SALT & SILVER

Die lateinamerikanische Streetfoodbar wurde schneller zur Kultadresse, als die Inhaber gedacht hätten — weshalb vor Kurzem nebenan ein weiteres Restaurant dazukam. „Don't believe the hype" steht an der Tür. Doch das schreckt die Szene nicht ab, das Salt & Silver boomt „beidseitig" und ohne Reservierung geht nichts. Hafenstraße 136 und 140., 20359 Hamburg. Mi-So ab 18 Uhr

PICNIC BY BIANC

Das sonnig-bunte Restaurant liegt nur zwei Häuser neben dem Edelrestaurant Bianc von Matteo Ferrantino und darf sich auch so manche Zutat teilen, weshalb alles in der Auslage von erstklassiger Qualität und frischester Zubereitung ist. Wie in Italien prägt ein langer Tresen das Café und sind die Panini die besten der Stadt. Neben den Snacks begeistert die lockere Atmosphäre. Tipp: Im Sommer große Terrasse mit Blick auf die Elbphilharmonie. Am Sandtorkai 50, 20457 Hamburg, täglich 11-20 Uhr.

HERR SCHMÖLL

Hinter dem Herrn steht eine Frau, Kirsten Moritz. Sie kocht, umsorgt die Gäste und offeriert eine Weinkarte, die man in dieser Qualität auf St. Pauli nicht vermuten würde. Auch viele hochwertige Bioweine. Paul-Roosen-Str. 19, 22767 Hamburg, täglich ab 10 Uhr, Do ab 9 Uhr.

MARIA MAGDALENA

Aurelio Moreno und Tschabi Lopez sind bekannte Größen in Hamburg, denn auch das Leche di Tigre gehört ihnen. Mit ihrem Maria Magdalena allerdings machen sie jene glücklich, die es nach kräftigen Eintöpfen und gut gemachten Schmorgerichten gelüstet. Ochsen- und Lammragout, Reistopf oder Entenkeule hervorragend zubereitet. Spritzenplatz 4, 22765 Hamburg, Di-So ab 18 Uhr.

LÜHMANNS TEESTUBE

„Das Lühmanns ist eine Institution, die man nicht neu erfinden muss", sagt Maud Barg, Architektin und seit 2017 Chefin der Lühmanns Teestube. Eine buntere Mischung von Alt und Jung wünsche sie sich, sonst könne alles bleiben, wie es ist. Blankeneser Landstraße 29B, 22587 Hamburg, täglich 9-20 Uhr, So 10-20 Uhr.

BERTA-EMIL-RICHARD-SCHNEIDER

Die Kampstraße gilt als Hamburgs schönste Sackgasse, kulinarisch ist sie es nicht. Mats Borgwardt und Niels Berschneider haben die Schank & Speisewirtschaft eröffnet, in der sie Hamburger Gerichte modern interpretieren. Kampstraße 25-27, 20357 Hamburg, Di-Sa ab 18 Uhr.

BISTROT VIENNA

Quirlige Atmosphäre, französisches Ambiente, drangvolle Enge, gutes Essen zu moderaten Preisen. Seit 30 Jahren angesagter Treffpunkt, versteckt gelegen im Schanzenviertel. Nur 34 Plätze, Reservierung nicht möglich. Wer auf Nummer sicher gehen will, kommt daher früh. Ein Muss ist die provenzalische Fischsuppe. Tipp: Im Sommer gibt es eine kuschelige Laube. Fettstraße 2, 20357 Hamburg, Di-So ab 14 Uhr, warme Küche ab 19 Uhr.

HUNTER'S BAR & GRILL
Klosterallee 100
20144 Hamburg
Tel. 040 64831580
Mo-Sa ab 18 Uhr

100/200 KITCHEN
Brandshofer Deich 68
20539 Hamburg
Tel. 040 30925191
Di-Sa ab 18 Uhr

BIANC
Am Sandtorkai 50
20457 Hamburg
Tel. 040 18119797
Di-Sa ab 18 Uhr

BISTRO CARMAGNOLE
Juliusstraße 18
22769 Hamburg
Tel. 040 40186115
Di-So ab 18 Uhr

BRIAN'S STEAK & LOBSTER
Milchstraße 25
20148 Hamburg
Tel. 040 57016737
Mo-Sa ab 17 Uhr

GOLDSCHÄTZCHEN
Peiner Hof 7
25497 Prisdorf
Tel. 04101 6010921
Mi-So ab 12 Uhr

HACO
Clemens-Schultz-Straße 18
20359 Hamburg
Tel. 040 74203939
Di-Sa ab 18 Uhr

HAEBEL
Paul-Roosen-Straße 31
22767 Hamburg
Tel. 01517 2423046
Di-Sa ab 17.30 Uhr

HEIMATJUWEL
Stellinger Weg 47
20255 Hamburg
Tel. 040 42106989
Do/Fr 12-14 Uhr, Di-Sa ab 18 Uhr

HELDENPLATZ
Brandstwiete 46
20457 Hamburg
Tel. 040 30372250
Mi-So ab 18 Uhr

HOBENKÖÖK
Restaurant & Markthalle
Stockmeyerstraße 43
20457 Hamburg
Mo-Sa 10-22 Uhr

JINGUI /TORTUE HAMBURG
Stadthausbrücke 10
20355 Hamburg
Tel. 040 334414024
Mo-Sa ab 12 Uhr durchgehend

KLEINER SPEISESAAL
Dorotheenstraße 33
22301 Hamburg
040 30330331
Mo-Fr ab 12 Uhr, Sa ab 16 Uhr

MUTTERLAND CÖLLN'S
Brodschrangen 1-5
20457 Hamburg
Tel. 040 49206115
Mo-So ab 12 Uhr durchgehend

NIKKEI NINE /FAIRMONT HOTEL
Neuer Jungfernstieg 9
20354 Hamburg
Tel. 040 34943399
Mo-Sa 12-14.30 und ab 18 Uhr

NIL
Neuer Pferdemarkt 5
20359 Hamburg
Tel. 040 4397823
Mo/Mi/Do ab 18 Uhr, Fr-So ab 17.30 Uhr

PHILIPPS RESTAURANT
Turnerstraße 9
20357 Hamburg
040 63735108
Di-Sa ab 17 Uhr

RESTAURANT STÜFFEL
Isekai 1, 20249 Hamburg
Tel. 040 60902050
Di-So 12-14.30 Uhr und ab 18 Uhr

SE7EN OCEANS GOURMETRESTAURANT
Ballindamm 40
20095 Hamburg
Tel. 040 32507944
Di-Sa 12-15 Uhr und ab 18 Uhr

THE TABLE
Shanghaiallee 15
20457 Hamburg
Tel. 040 22867422
Di-Sa ab 19 Uhr

WITWENBALL
Weidenallee 20
20357 Hamburg
Tel. 040 53630085
Di-Sa ab 18 Uhr, So ab 17 Uhr

ZEIK
Sierichstraße 112
22299 Hamburg
Tel. 040 46653531
Di-Sa ab 18 Uhr

IMPRESSUM

FOODHUNTER - DAS KOCHBUCH
HAMBURG COOL CUISINE
1. Auflage © 2018

Ruhland Verlag München
Sternstraße 28
80538 München
Tel. 089/2913325
foodhunter@ruhlandverlag.com
www.foodhunter.de

AUTOREN: Sabine Ruhland, Oliver Zelt
BERATUNG: Dirk Vangerow, Food Consulting
GRAFIK: Ruhland Verlag München

DRUCK/BINDUNG:
Best-Price-Printing, 82229 Seefeld

ISBN 978-3-9818660-1-8

TITEL/ FOTOS ©FOODHUNTER

EINZELBILDNACHWEIS

12-13, 14-15 @Eduard Richter, 16 Portrait © Michael Bennett, 28 Portrait ©Heimatjuwel, 30-31 Tortue Hamburg ©Moritz Krebs,
36 Portrait ©Alte Mühle Jork, 42-43 Fische Schmidt ©Constantin Gubbels, 44-47, Nikkei Nine Pulpo und Sushi @Jan Brettschneider,
Portrait & Lokal ©Guido Leifhelm, 48 Portrait @LINIE Aquavit/ Dennis Dorwarth Photographie, 49 ©Brian Bojsen, 50 ©fotolia,
51 unten ©Elbatelier Reimund Braasch, 52 ©fotolia, 54 ©Bianc, 60-61 Seven Gourmetrestaurant @Eduard Richter,
62-63, Tortue Hamburg, Moritz Krebs, 70 Alster Wagyus ©Oliver Nauditt, 72-73 ©Stüffel, 74-75 Nil ©Michael Holz,
78 Hobenköök ©Heyroth & Kürbitz freie Architekten, 79 u.li. Hobenköök Portrait ©Sophia Mahnert, 80-81 ©fotolia,
83 @Kleiner Speisesaal, 84, ©fotolia, 89 Fleischerjungs @Eduard Richter, 90 ©fotolia, 94 u. ©The Table, 99 HACO ©Wim Jansen,
100 Odefey ©Lisa Wassmann, 102-103, 110, 112 ©fotolia, 114 HACO ©Wim Jansen, 116 Lokal ©Heimatjuwel, 118 Heldenplatz
©Heldenplatz, 126 Nil Portrait ©Volker Gressmann, Gericht ©Michael Holz, 132-133 ©fotolia, 138-139 ©fotolia, 144-145 Farm to Table
@Jens Rittmeyer, 146 @ fotolia, 148 Weinteacher @Eduard Richter, 150 ©weinladen.de, 151 ©Neue Heimat, 152 ©fotolia,
156 ©Heldenplatz, 158 Navigare Hotel Fassade ©Arne Morgenstern 164-165 ©Eduard Richter, 166 Brian Bojsen, 170 ©fotolia

ALTES LAND

GOURMETRESTAURANT N°4

Navigare Hotel
Harburger Str. 4
21614 Buxtehude
Tel. 04161 74900
Mi-Sa ab 18.30 Uhr

DIE MÜHLE JORK

Am Elbdeich 1
21635 Jork
Tel. 04162 6395
Mi-So 12-17 Uhr
und ab 18 Uhr

FORELLENHOF WILKE

Wilhelmstraße 41
21640 Horneburg
Tel. 04163 2455

BIOHOF OTTILIE

Ort 19
21720 Mittelnkirchen
Tel. 04142 812634
Öffnungszeiten je nach Saison unter-
schiedlich!

Zwutsch

Osterjork 143
21635 Jork
Tel. 0171 1742666 / 0171 3268208

HOTEL ALTES LAND

Schützenhofstraße 16
21635 Jork
Tel. 4162 91460
Täglich 11.30-14.30
und ab 17.30 Uhr (Nov-März
wochentags nur ab 17.30 Uhr)

RÖHRS FLEISCHERJUNGS

Lange Straße 8
21614 Buxtehude
Tel. 04161 8665877
Di, Do, Fr 9-18 Uhr,
Mi 8-18 Uhr, Sa 8-13 Uhr

Sabine Ruhland, Herausgeberin

VITA

Anfang der 60er Jahre in Baden-Württemberg geboren, nahe der Grenze zu Frankreich, was mir einen frühen Kontakt zu Schnecken, Froschschenkeln, Gänseleber, Trüffeln, feinstem Käse, Champagner und ausgezeichneten Weinen ermöglichte.

Da erschien mir meine zweite Heimat München Anfang der 80er Jahre kulinarisch eher rückständig: Neben bayerischer Küche, einigen Italienern und Pino Grigio gab es wenig und ich sah mich kulinarisch kaum gefordert. Das Aubergine, dessen Name in Feinschmecker-Kreisen ehrfürchtig geflüstert wurde, bedeutete vor jedem Besuch harte finanzielle Einschränkungen, war also weit davon entfernt, eine monatliche Option zu werden. Auf der Suche nach Esskultur trieb es mich daher regelmäßig nach Österreich, Südtirol und Italien, einmal im Jahr auch gerne nach New York, London, Südafrika oder Mallorca. So kam ich kulinarisch über die Runden, bis endlich auch in München der Crémant bekannt wurde und sich zu den italienischen Restaurants andere internationale Adressen gesellten.

Die berufliche Reise führte mich drei Jahrzehnte durch Genussmagazine und Fachzeitschriften – die Esskultur stets im Mittelpunkt. Geschichten über Trüffelsucher und Käsemacher, über Winzer und spezielle Gemüsesorten, die heute die Medien fluten, waren es für mich bereits ich in den 90er Jahren wert, zu Papier gebracht zu werden.

Im März 2010 brachte ich das Magazin foodhunter auf den Markt, Forum für Regionales & Delikates und eine schneeweiße Revolution inmitten der medialen Herrschaft von Feinschmecker und À la carte. Bis heute bei vielen Lesern als außergewöhnliches Foodmagazin bekannt. 2013 der Wandel von Print zu Online. www.foodhunter.de. Alle Inhalte eigens recherchiert, was die Seite authentisch und unabhängig macht. Dennoch fehlten mir Haptik und Sinnlichkeit – sicherlich auch eine Generationenfrage.

Deshalb ebnete ich 2017 einer neuen foodhunter-Ära den Weg, entwickelte ein Kochbuch, das zugleich Stadt- und Reiseführer ist, das Raum bietet für Regionales, Delikates, Großes, Einfaches, Saisonales und Exotisches, das so vielfältig, authentisch und inspirierend ist wie die schönste Sache der Welt. Das die Lust aufs Kochen hebt und den Anspruch stärkt, gut essen zu gehen. Das neugierig macht und ein bisschen kritischer. Et voilà. Erst München, jetzt Hamburg.

Oliver Zelt, Foodjournalist, Co-Autor

VITA

Ich hatte eine großartige Kindheit im Garten meiner Großeltern. Meine Sandkiste waren die Spargelbeete. Meine Förmchen der lange Spatel, mit dem ich die Stangen aus den Sandhügeln gestochen habe. Rasen gab es nicht, dafür Bohnen, Schwarze Johannisbeeren und wunderbare Wurzeln, die ich nur kurz unter dem Wasserhahn abgespült habe. Ich lernte ernten, wenn etwas reif war, freute mich auf Tomaten und Gurken im Juli. Darauf freue ich mich auch heute noch. Speisen, wenn hier Saison ist. Darauf achte ich, wenn ich übers Kochen rede oder schreibe. Im Jugendradio „Fritz" beim Ostdeutschen Rundfunk diskutierten wir mit Hörern über Fische, die lieber nicht auf dem Teller landen sollten, weil sie kaum noch in den Meeren herumschwimmen und kochten im Studio einheimische Fische. Das war vor mehr als 20 Jahren.

Später im ZDF bei Maybrit Illner bereitete ich Sendungen über Landwirtschaft vor. Die Rinderseuche BSE zeigte den Wahnsinn einer weltweiten Tiermaschinerie, die mit „gutem" Essen nichts im Sinn hat.

Immer begleitete mich auch im politischen Journalismus Essen und Trinken. So jetzt bei den „Tagesthemen" im Nord-deutschen Rundfunk. Das Grauen der Tiere in der Massenmast kann keinen Genuss bringen. Dies zu erklären und aufzuklären ohne belehrend zu wirken, versuche ich meinen Reportagen zu beherzigen.

Ob in Tageszeitungen oder kulinarischen Magazinen interessiert mich auch, was Wonne und Lust beim Essen bereitet. Wie wirkt welche Musik im Hintergrund, funktioniert Kochen nach Farben oder kann man nur aus Gurken ein prima Mahl präsentieren?

Dieses Buch ist die Idee, nicht nur mit zahlreichen Rezepten zu zeigen, was für großartige Köche in Hamburg am Herd stehen, sondern auch diejenigen vorzustellen, die all das möglich machen. Gärtner, Bauern, Höfe, die rund um die Uhr ackern, damit wir auf dem Markt und in Restaurants eine genussvolle Zeit haben.

VIELEN DANK ...

An all die Köche, in deren Küchen wir uns umsehen durften, die wir mit Fragen genervt haben, manchmal zu scheinbar Selbstverständlichem in den Rezepten. Die uns in Vorratslager, Vorbereitungsküchen und alle Kochtöpfe auf dem Herd schauen ließen und uns ein besonderes Vertrauen schenkten. Die sich Zeit genommen haben und mit uns ihre besten Einkaufsadressen teilen.

An Food-Experte Dirk Vangerow, der ein über Jahrzehnte aufgebautes kulinarisches Netzwerk besitzt, in dem sich Spitzenköche, Winzer, Großhändler, Produzenten, Gutsbesitzer und Biobauern vereinen. Der pure Kompetenz ist, weil er zu jedem Gericht eine Geschichte weiß, jede Zutat kennt, jedes Detail aus einer Sauce erschmeckt, jedes Rezept gedanklich zu Gaumenreife bringt und sofort sagen kann, warum es genial ist. Der mit der Queen nach einem Polospiel eine Tea-Time und mit Paul Bocuse bei François Mitterrand im Élysée-Palast eine nächtliche Weinprobe genießen durfte und dennoch dem bodenständig Guten in gleicher Passion zugeneigt ist, wie den hochkarätigen Sterneküchen dieser Welt.

Die Teller im Restaurant Bianc sind Kunstwerke, nur übertroffen von der Kunst der Küche.

REZEPTE

Andere Jungs fahren Porsche, Thomas Imbusch stellt sich seine Luxuskarosserie in die Küche des 100/200 Kitchen.

REZEPTE

Die genossenschaftlich betriebene Meierei in Horst (Schleswig-Holstein) ist tatsächlich die letzte ihrer Art. Milch, Quark und Butter werden dort noch in traditioneller Herstellung und mit viel Zeit und Leidenschaft produziert.